Giusepp[...]

# FORTEZZE CROCIATE

La storia avventurosa dei grandi costruttori
medievali, dai templari ai cavalieri teutonici

Saggio introduttivo di
## Franco Cardini

edizioni terra santa

*Progetto grafico*: Elisabetta Ostini

*In copertina*: Dominique Papety, *Assedio di San Giovanni d'Acri.
Il Maresciallo degli Ospitalieri Guglielmo di Clermont difende le mura*,
1840, Reggia di Versailles


Per informazioni sulle opere pubblicate
e in programma rivolgersi a:

Edizioni Terra Santa
Via G. Gherardini 5 – 20145 Milano (Italy)
tel.: +39 02 34592679  fax: +39 02 31801980
http://www.edizioniterrasanta.it
e-mail: editrice@edizioniterrasanta.it


Finito di stampare nell'agosto 2016
da Corpo 16 s.n.c. - Modugno (Ba)
per conto di Fondazione Terra Santa

ISBN 978-88-6240-440-2

# Indice

# Gli Ordini militari e la Terra Santa

## di Franco Cardini

Amici di "Terra Santa", e credo lo stesso autore Giuseppe Ligato, mi dicono che sarebbero gradite da parte mia due righe di presentazione a questo suo libro. Aderisco alla richiesta data l'amicizia che mi lega tanto a loro quanto all'Autore, ma – lo confesso – non senza un filo di quello sconsiderato compiacimento che certuni provano quando sia loro offerto un onore del tutto superiore ai loro meriti. In effetti, Ligato è senza dubbio alcuno e per esplicito riconoscimento degli specialisti degli studi sulle crociate e la Terra Santa (tre nomi per tutti: Gilles Constable, Jean Flori, Benjamin Z. Kedar) uno dei giovani studiosi più interessanti e dotati del settore, com'è testimoniato dal magistrale *La croce in catene* ch'è ormai divenuto un "classico" del suo genere. Ligato è ormai anche un riconosciuto capofila d'una pattuglia di valorosi giovani studiosi italiani delle crociate, degli Ordini militari e dei rapporti fra la penisola italica e la Terra Santa nel

Medioevo che conta nelle sue file personaggi quali Cristina Andenna, Elena Bellomo, Barbara Bombi, Michele Campopiano, Christian Grasso, Marina Montesano, Marco Meschini, Antonio Musarra, Marco Pellegrini, Marco Rainini, Luigi Russo, Renata Salvarani, Pietro Silanos, Miriam Rita Tessera ed altri che mi scuso per non ricordare qui esplicitamente. Grazie ad essi, oggi è possibile parlare finalmente di una crociatistica italiana: cosa impensabile fino a qualche decennio fa, quando a parte alcuni scritti occasionali di una Gina Fasoli o di un Raoul Manselli e qualche saggio pur importante di maestri quali Giovanni Miccoli, l'argomento era – diversamente da quelli, del resto "paralleli", dei pellegrinaggi o dei documenti notarili riguardanti il Levante o dei commerci – alquanto marginalizzato. Se oggi non è più così, una parte almeno del merito di ciò va all'assiduo contributo di saggi e di volumi che da tempo Ligato ci fornisce.

I castelli "crociati" di Terra Santa dispongono di una bibliografia specialistica molto ampia, sia pure più archeologica e storico-artistica che non propriamente storica, nonché di una vasta letteratura di alta divulgazione, come quella prodotta da studiosi come David Nicolle; né si può dimenticare un "classico", sia pure *à sa manière*, come *Crusader Castles* di Thomas E. Lawrence, il colonnello Lawrence, insomma "Lawrence d'Arabia". Ma c'era bisogno di un libro di robusta sintesi, scientificamente fondato ma al tempo stesso non ostico per un più ampio pubblico colto. Non parrà tuttavia inopportuno far precedere le pagine di Ligato da alcune generali considerazioni sulle crociate e gli Ordini militari.

# L'eterogenesi di un pellegrinaggio *sui generis*

Non sembra che, durante quello strampalato viaggio-pel-legrinaggio-migrazione-incursione dall'Europa al Vicino Oriente che noi chiamiamo "prima crociata", tra 1096 e 1099[1], i principi europei presenti – e il fin troppo famoso Goffredo di Buglione, duca della Bassa Lorena, non era il più autorevole fra loro – si fossero mai posti sul serio il problema né di conquistare militarmente Gerusalemme, né di come amministrarla una volta conquistata. Ma all'indomani della fine del pellegrinaggio affiorò una realtà sconcertante: molti erano coloro che – potenti feudali, semplici cavalieri, povera gente – si erano bruciati i ponti dietro di sé e volevano restare in quella che all'epoca i cristiani di lingua latina chiamavano *Terra Sancta* o *Terra Promissionis* per conquistarvi nuove signorie, cercarvi fortuna o per condurvi una vita di penitenza; la maggior parte di loro però intendeva rientrare a casa con il poco o molto bottino frutto delle guerre e dei saccheggi una volta sciolto il proprio voto sulla pietra del Sepolcro. Quelli che restavano non erano in numero sufficiente e non avevano esperienza delle terre che intendevano controllare[2].

Il primo problema da risolvere era giuridico e istituzionale. A chi apparteneva legittimamente, sul piano giuridico, la Terra Santa? Per i cristiani, che non avevano mai riconosciuta come legittima la sua occupazione musulmana (nonostante essa fosse ormai cosa vecchia: era iniziata nel VII secolo), era

---

[1] Cfr. Barbero 2009, pp. 8-9.
[2] Cfr. Prawer 1982, pp. 31-51.

logico che essa fosse parte della *pars Orientis* dell'impero romano: cioè di quello che noi chiamiamo l'impero bizantino. Ma gli imperatori di Bisanzio erano anche i capi della Chiesa greca, in quel momento da circa mezzo secolo in stato di scisma rispetto a quella romana; inoltre, durante la traversata dall'impero, i crociati avevano avuto con le sue autorità ambigui e tutto sommato cattivi rapporti. Non offrirono dunque all'imperatore di Costantinopoli le loro conquiste, nonostante egli li avesse abbastanza regolarmente ingaggiati con danaro e donativi e li considerasse suoi mercenari. Ciò poneva la situazione in uno stato d'illegalità iniziale.

La prima idea dei capi di quell'orda–esercito di pellegrini–guerrieri fu di erigere le loro conquiste – dall'Armenia alla Palestina alla stessa Transgiordania, di cui si era impadronito il principe Tancredi nipote di Boemondo d'Altavilla – in signoria ecclesiastica e di affidarla addirittura in dominio eminente alla Chiesa di Roma. Si elesse difatti subito un patriarca latino (dal momento che ormai era in atto da quarantacinque anni uno scisma tra le due Chiese, si giudicò inopportuno affidarsi a un presule greco) e ci si rivolse alla Santa Sede.

I papi riformatori avevano spesso accettato, nel corso dell'XI secolo, la signoria eminente di terre prive di signori e l'avevano quindi delegata a principi disposti ad accettare, in segno di vassallaggio, la loro insegna, il *vexillum sancti Petri*. Era accaduto per l'Inghilterra, per i regni iberici, per l'Italia meridionale: conquistatori desiderosi di farsi legittimare il loro atto di forza avevano così legato i loro destini a quelli della sede pontificia romana. Se il Papa avesse accettato anche le offerte dei principi che nel 1099 avevano occupato Gerusalemme, sarebbe nato un nuovo regno vassallo della cattedra di san Pietro, come l'Inghilterra e la Sicilia. Ma per il diritto che nessun cristiano avrebbe mai potuto sconfessare, Gerusalemme apparteneva al *basileus* di Costantinopoli: il fatto che gli arabi gliel'avessero strappata quasi mezzo millennio prima non cambiava nulla sul piano dei princìpi. Fare un gesto che suonasse contestazione di quel diritto, da parte del Pontefice, sarebbe equivalso a una sfida e a un'offesa troppo grave: è vero del resto che in quel momento tra Roma e Costantinopoli era in atto uno scisma, nessuno però lo giudicava né troppo grave, né irreversibile. Una provocazione come quella avrebbe significato scavare un fossato incolmabile fra greci e latini: nessun pontefice avrebbe mai potuto assumersi una simile responsabilità.

Bisognava d'altronde amministrare l'esistente, accettarne l'ambiguità e cercar di non far precipitare la situazione. I capi militari della spedizione, in discordia tra loro, finirono con l'accordarsi sull'elezione di un principe malfermo in salute e non troppo energico, che non avrebbe mai avuto né voglia né possibilità di essere un vero capo. Fu scelto per questo Goffredo di Buglione, duca della Bassa Lorena: si disse che fosse sua volontà – o volontà di qualche prelato che glielo suggerì – il non voler «portare corona d'oro là dove il Cristo era stato coronato di spine». In altri termini non si procedette a eleggere un re, bensì un semplice *Advocatus Sancti Sepulchri*, un procuratore per gli affari mondani della chiesa del Santo Sepolcro. Ciò significava che la signoria sulle nuove conquiste si affidava alla "chiesa del Santo Sepolcro", ch'era la cattedrale patriarcale: e difatti il patriarca Daiberto, l'arcivescovo di Pisa che era giunto subito dopo la conquista della città con una numerosa flotta, dette chiari segni di ritenersi il detentore legittimo del potere. Ma la sua volontà, morto nel 1100 Goffredo, si scontrò con quella del di lui fratello Baldovino di Boulogne che, insignoritosi nel 1097 della città armena di Edessa, scese ora di corsa a Gerusalemme e si fece aggiudicare la corona: regale, stavolta, per quanto non fosse chiaro sulla base di quale autorità si potesse eleggere un sovrano. Era nato il "regno franco di Gerusalemme", che durante due secoli si configurò come una monarchia elettiva con intermittenti caratteri dinastici, la cui corona si trasmetteva anche in linea femminile. Gli esiti della "prima crociata" furono paradossali: da un'impresa "santa", un pellegrinaggio armato che si era tentato disperatamente di far legittimare dalla Chiesa romana, ebbe origine il primo regno obiettivamente *superiorem non recognoscens* non già per autonoma e originale scelta dei suoi fondatori ma solo perché nessun potere universale accettò di riconoscerlo e di legittimarlo affidandogli un ruolo nel suo ordine stabilito.

Papa Pasquale II aveva inviato ai conquistatori di Gerusalemme un suo nuovo legato, il già citato Daiberto arcivescovo di Pisa: ma re Baldovino I lo esautorò del tutto e avviò la strana storia durata circa due secoli di un regno franco che era impiantato sulla Città Santa ma si trovava a non dipendere da nessuno, a modo suo primo esempio europeo di stato "laico" e "autocefalo": il Pontefice romano, che aveva o avrebbe legittimato il regno normanno d'Inghilterra, quelli iberici di Castiglia e di Aragona, quello normanno di Sicilia, concedendo loro il *vexillum Petri* e facendosene quindi formalmente dei vassalli, non poteva certo fare lo stesso con una realtà signoriale nata in Terra Santa, regione di pertinenza dell'impero d'Oriente fin dal IV secolo. Si era a poco meno di mezzo secolo dallo "scisma d'Oriente", e da entrambe le parti non mancava chi sperasse di ricongiungere prima o poi la Chiesa greca a quella latina: un atto come quello che i principi franchi che avevano conquistato Gerusalemme chiedevano al Pontefice, in analogia a quanto egli aveva già fatto o stava facendo in Europa, sarebbe lì apparso come un ulteriore affronto al *basileus,* al quale d'altro canto i capi della compagine "franca" che aveva occupato i Luoghi Santi si rifiutavano – a parte il principe di Antiochia, il tanto discusso Boemondo...– di prestare omaggio. Questa l'ambiguità, o a dir meglio l'eccezione, che presiedeva a quel regno come simbolo del quale era tanto arduo proporre una corona d'oro, dal momento che proprio là Gesù Cristo ne aveva portata una di spine.

Il nuovo regno fu quindi essenzialmente il risultato della convivenza di una pluralità di poteri separati, in un rapporto gerarchico che va immaginato non già come una piramide, bensì semmai come una rete. I grandi principi (il principe di Antiochia, il principe di Galilea e dell'Oltregiordano, il conte di Tripoli, il conte di Edessa, il conte di Giaffa e di Ascalona), ciascuno a capo del loro sistema di fedeltà e di dipendenze; le borghesie cittadine con i loro organi e i loro privilegi (i *communes,* come si diceva nel francosettentrionale ch'era la lingua più diffusa tra i capi crociati; o *communia,* in latino); le colonie commerciali delle città marinare – Genova, Pisa, Venezia – che riproducevano in alcuni quartieri dei centri soprattutto portuali la vita e le istituzioni della madrepatria; infine le *Religiones,* o meglio le *Militiae,* cioè quelle che noi moderni chiamiamo impropriamente Ordini religioso-militari e che in realtà sono veri e propri Ordini religiosi al cui interno uno specifico e relativamente ristretto gruppo di monaci laici esercita le funzioni militari o ospitaliere in appoggio e in difesa della nuova conquista territoriale e dei pellegrini.

I comuni italici sul mare, gli Ordini religiosi e la signoria di Galilea-Transgiordania furono i tre elementi che assicurarono la sicurezza confinaria del regno. La questione dei *fines* – che a est erano una linea di fortezze a custodia di alcuni punti nevralgici in rapporto con le grandi piste carovaniere: ma una linea caratterizzata da flessibilità e permeabilità – era fondamentale in tutta la cristianità europea dei secoli XII–XIII, una cristianità in espansione. Essa si ritrova, fenomenologicamente simile, in situazioni pur tanto diverse come il Vicino Oriente, la penisola iberica e il Nord-est europeo. Fortezze, strade di confine, permeabilità, mobilità, flessibilità. E anche *border fighters,* guerrieri-avventurieri-predoni. Nonostante l'uno fosse amico–mercenario ora di cristiani e ora di musulmani e l'altro fosse invece una bestia nera per l'islam (e un vassallo indocile per il regno crociato), il Cid *Campeador* e Rinaldo di Châtillon si somigliano[3]. Un altro dei molti paradossi di questa storia incredibile.

## Frontiere geostoriche, frontiere culturali

Chiunque abbia visitato la vasta area vicino-orientale compresa tra Turchia meridionale, Siria, Libano, Palestina e Giordania nonché l'altra, situata tra Aragona, Castiglia, Estremadura e Andalusia, non può non essere rimasto colpito da

---

[3] Cfr. Ruiz-Domènec 2007; Ligato 2005.

una strana, anzi impressionante e quasi inquietante serie di somiglianze e di analogie, che sembrano quasi partire addirittura dal clima e dal suolo: l'aridità del deserto di pietra dai toni cangianti dal bruno all'ocra al nero, i pochi e avari corsi d'acqua, il cielo che sembra quasi sempre d'un profondo azzurro smalto. O meglio: che sembrava tale, dal momento che la politica di regolamentazione idrica portata avanti con coraggio, ostinazione e successo dal governo spagnolo tra anni Cinquanta e anni Settanta del secolo scorso, con i numerosi bacini artificiali sparsi nel centro della penisola iberica, ha provocato un profondo mutamento nel paesaggio e nel microclima spagnolo realizzando perfino l'impossibile o ciò che fino a ieri sembrava tale, cioè che i contadini della Mancha hanno visto vagare sempre più spesso per il loro cielo ardente grosse nubi bianche, e talvolta perfino nere di pioggia.

Ma, accanto alle analogie climatiche, geofisiche e idrologiche, un'altra – geopolitica, stavolta – risulta impressionante: quella dei numerosi castelli. Ai margini nord-ovest e sud-est del Mediterraneo, due terre lontane sembrano aver sviluppato scenari profondamente simili. Né tutto ciò stupirà più di tanto, quando si consideri che i protagonisti di quell'antica costruzione di paesaggi lontani erano in una qualche misura provenienti dallo stesso nido. Templari e ospitalieri di San Giovanni, ad esempio.

Le reliquie archeologico-monumentali sembrano a prima vista parlare un linguaggio compatto e omogeneo: quello di due ampie fasce irregolari disseminate di fortezze, tanto nella penisola iberica quanto nell'area l'asse latitudinario della quale è costituito dalla catena del Libano, dal Giordano e dal mar Rosso. Ma le esperienze stratigrafiche di tipo archeologico-filologico fanno parlare a quei nobili resti un ben diverso linguaggio: quello degli insediamenti militari più volte contesi, distrutti, restaurati, passati di mano in mano. E la fascia statica di castelli si trasforma sotto i nostri occhi nel "film" d'una sequenza variabile di luoghi che la documentazione storica aiuta a coordinare tra loro in linee e in fasce confinarie, in un contesto limitaneo cangiante, permeabile, persistente senza dubbio ma all'interno d'una mobilità continua, che lo rende tutto sommato perfino ambiguo. La vera protagonista del nostro discorso è una "frontiera" cangiante, un *no man's land* drammatico e reciprocamente permeabile fatto di scontri e di colpi di mano, di *raids* inattesi e crudeli (le *algarades* spagnole), di tregue e di scambi di prigionieri. Sin dai primi del XIX secolo si affacciò in alcuni studiosi la tesi che il concetto-guida e il primo nucleo originario di quelle istituzioni che noi siamo abituati a definire come "gli Ordini religioso-militari" nascesse in qualche modo dal modello del *ribat,* la ridotta militare e al tempo stesso religiosa che s'insediava alla frontiera con lo *ard al-Harb,* la "terra della guerra" (cioè quella abitata dai non-musulmani) per farne un caposaldo del *jihad* e nel quale per un certo tempo dimoravano dei volontari che venivano a vivervi dei periodi contemporaneamente di ritiro spirituale e di addestramento alla guerra: i *murabitun,* appunto. Nonostante tale tesi non sia mai stata del tutto corroborata da prove certe, e non manchino anzi le contraddizioni, essa ha nella sostanza retto soprattutto dal punto di vista storico-antropologico, vale a dire da quello della circolazione d'influenze reciproche[4].

---

[4] Cfr. Demurger 2002, pp. 300–305.

Tutto il secolo XI ci fa assistere al risveglio delle genti euro-occidentali e al loro riversarsi sul Mediterraneo e sulle aree limitrofe per conquistarlo, contendendone il possesso a Bisanzio e all'islam. Tra VII e X secolo, l'avanzata musulmana aveva determinato una quantità di nuove frontiere mobili dalla Siria alla Mesopotamia all'Eritrea al Maghreb ai Pirenei. Nella seconda metà del X secolo, le incursioni ungare, normanne e arabo-africane che avevano tormentato l'Europa e i suoi litorali mediterranei sembrarono acquietarsi, mentre dal Settentrione francese dov'erano insediati i normanni d'origine svedese e dalle città marinare italiche del Tirreno partiva un dapprima incerto, poi sempre più forte e sicuro movimento che parve – e qualcuno l'ha interpretato così – la "risposta" occidentale (diciamolo in termini cari ad Arnold Toynbee) alla "sfida" asiatica. Mentre Genova e Pisa si liberavano dell'ipoteca costituita dall'emirato balearico di al-Mujahid che le minacciava all'inizio del secolo e intraprendevano una serie di campagne navali contro le basi saracene in Corsica, in Sardegna, in Sicilia, nell'Africa settentrionale, che avrebbero condotto alle epiche tappe della conquista del porto di Palermo nel 1063, di al-Mahdiyya nel 1087 e delle stesse Baleari nel 1113-15, si andava configurando un movimento di riconquista del territorio iberico promosso dal regno asturiano, ma sostenuto da cavalieri provenienti dalle terre poste a nord dei Pirenei.

Come *terminus a quo* del movimento di riconquista sia sul mare, sia nella penisola iberica, si potrebbe forse prendere l'episodio della cattura di Maiolo abate di Cluny, nel 972, da parte dei saraceni del covo corsaro di Fraxinetum – situato presso l'odierna Saint-Tropez –; egli, liberato solo dietro versamento di un gravoso riscatto, era il consigliere ascoltato dai più grandi principi della cristianità. Fu soprattutto Guglielmo conte di Provenza che lo vendicò, infliggendo ai saraceni una crudele lezione; e furono, con lui, i signori della valle del Rodano a ripulire dai corsari la zona di Fraxinetum e a spartirsi i proventi di quell'impresa.

L'episodio di Fraxinetum segnò l'inizio di una lunga serie d'imprese della cavalleria cristiana sotto l'egida di Cluny: imprese nelle quali la volontà di riscossa contro l'infedele e il desiderio di personale riscatto spirituale (sancito dallo stesso carattere penitenziale dell'impegno guerriero) si fondevano col desiderio di conquistare terre e ricchezze. Un'aristocrazia posta in crisi economica dall'espansione agricola e commerciale di quegli anni cercava così nuovi sbocchi che le consentissero di arricchirsi e al tempo stesso di conservare e anzi di accrescere il proprio prestigio sociale.

La *Reconquista* spagnola, appoggiata da Cluny e dai papi riformatori come Alessandro II[5] – il vecchio capo della pa-

---

[5] È di Alessandro II la bolla *Eos qui in Hispaniam* del 1063, promulgata in relazione a un'impresa diretta contro la città di Barbastro in Aragona e modello delle successive *Bullae cruciatae* (cfr. E. Bernadet, "Croisade, bulle de la", in *Dictionnaire de droit canonique*, IV, coll. 773-99). Da notare comunque che il termine spagnolo *Reconquista*, divenuto celebre a partire dalla letteratura ottocentesca, figura la prima volta solo nel *Diccionario de la Real Academia Española* del 1843 ed è stato oggetto di varie polemiche specie da quando, con l'affermarsi del regime franchista, si volle affermare una identità spagnola unilateralmente cristiana forgiatasi appunto nelle guerre contro i *moros*, la cultura dei quali rispetto a quella iberica sarebbe costantemente rimasta estranea. Oggi il termine non è accantonato, comunque si tende a usarlo con maggior prudenza di prima.

taria milanese Anselmo da Baggio –, vide in prima linea, accanto ai cavalieri aragonesi e castigliani, quelli provenzali e borgognoni. In quel clima di entusiasmo religioso e guerriero la memoria tornava a Carlo Magno che la leggenda voleva anche pellegrino a Costantinopoli e a Gerusalemme, ai ricordi gloriosi della battaglia di Poitiers del 732 (o 733) e della campagna spagnola del 778; e ne scaturiva così la *Chanson de Roland*. Essa nasceva però – qualunque sia stato sulla sua ispirazione il peso della tradizione – soprattutto dal presente, sulle vie di pellegrinaggio di Santiago (il celebre *camino*), e traeva vigore dalle lotte per la *Reconquista*. Rolando, l'eroe cristiano al quale con il tempo si sarebbe dedicato una sorta di culto agiolatrico, era di fatto il modello del *miles Christi* scaturito dalle "leghe di pace" e dalla riforma gregoriana: un cavaliere ancora violento e vanaglorioso, la cui vita intera, non irreprensibile, si giustifica e si redime tuttavia attraverso la causa servita e la morte santa ed esemplare. Solo negli ultimi istanti della sua vita, sui campi di Roncisvalle – e non diversamente in fondo da quei cavalieri che si facevano monaci in punto di morte –, Rolando abbraccia la *conversio*: non è la sua vita, ma la sua morte a giustificarlo dinanzi a Dio. Non meno del pellegrinaggio intrapreso dai pubblici peccatori, la spedizione militare intrapresa contro i musulmani è un *iter poenitentiale*: ed è per questo che la morte in battaglia contro i nemici di Dio è un martirio.

Non meno che sulla Spagna contesa fra cristianità e islam, un nugolo di cavalieri di modesto rango e d'incerta fortuna si rovesciò sull'Italia meridionale lacerata dalle contese fra bizantini, principati longobardi, città marinare desiderose di autonomia. Non tutti erano normanni: se gli Altavilla provenivano in effetti da un modesto lignaggio dei dintorni di Coutances, tra i cavalieri che a partire dal 1030 si riversarono nel Sud della penisola in cerca di fortuna o almeno di un ingaggio come mercenari ve n'erano di provenienti dal Maine, dall'Anjou, dalla Bretagna, dalla Fiandra.

## Dall'avventura al radicamento insediativo

Era evidente che tutte queste varie situazioni avrebbero trovato uno sbocco obiettivo nel movimento crociato. Dal discorso di Urbano II a Clermont il carattere penitenziale che si vuol attribuire da parte ecclesiastica all'impresa appare chiaro; d'altronde, il Papa si riferisce con precisione anche alle necessità dei *bellatores*, che potranno legittimamente ricavare dalla lotta contro gli infedeli quel che erano abituati ad estorcere ai cristiani. E la crociata fu dal canto suo anche il sintomo di un diffuso malessere che si presentava sotto le spoglie stesse del brigantaggio. In qualche caso – che veniva subito divulgato a scopo paradigmatico – anche nel brigantaggio si trovavano del resto occasioni di *conversio*. Come quei sei cavalieri-briganti che, appostati presso la strada maestra, rapinavano tutti i viandanti, mercanti o pellegrini che fossero; e che poi si sarebbero convertiti e presso quello che era stato il teatro delle loro gesta criminose avrebbero fondato il monastero di Affligem nel Brabante.

All'appello di Urbano II l'aristocrazia europea rispose dunque, fra 1095 e 1096, in modo inatteso. Oltre e al di sopra dei *déracinés* in cerca di fortuna o dei *milites* che i meccanismi feudosignoriali connessi col mantenimento della coesione dei lignaggi avevano spogliato d'eredità e costretti a correre le vie dell'*aventure*, v'erano i "grandi" che organizzarono la partenza, e ai quali si accodò un imprecisato, certo alto numero di *pauperes* desiderosi di proseguire il pellegrinaggio per Gerusalemme. Si trattava di principi come il marchese di Provenza signore di gran parte del Sud della Francia, il duca di Normandia fratello del re d'Inghilterra, il fratello del re di Francia, il duca della Bassa Lorena e il conte di Fiandra che controllavano gran parte della popolosa area del basso corso dei grandi fiumi che tra Francia e Germania si gettano nel mare del Nord, il figlio primogenito di Roberto il Guiscardo. Vero è che si trattava di un'alta aristocrazia in crisi: o perché avversata da parenti o da scomodi potenti vicini, o perché aveva scelto negli anni precedenti di appoggiare la "parte sbagliata" (cioè quella perdente) nel conflitto tra papato e impero romano-germanico. Un'alta aristocrazia vogliosa e bisognosa di cambiare aria per qualche anno o magari per sempre, desiderosa quindi di trovar davvero – secondo l'*Apocalisse* – «un cielo nuovo e una terra nuova», di ricostruirsi potere e ricchezza altrove. In tal modo l'esodo della crociata favorì, tra l'altro, il nascere dell'Europa delle grandi monarchie feudali.

La folla di guerrieri armati e di pellegrini originariamente semi-inermi detti *cruce signati* dal simbolo di pellegrinaggio e di penitenza che Urbano II aveva loro assegnato a Clermont (e ch'era anche il segno visibile dell'indulgenza spirituale e delle prerogative temporali accordate loro dal Papa) attraversò Anatolia e Siria in due lunghi anni di marcia, tra peripezie e sofferenze inaudite. Alla fine, si abbatté su Gerusalemme tra primavera e principio dell'estate 1099 e conquistò d'assalto la città il 15 luglio di quell'anno.

Dopo la vittoria occorreva però consolidarne le strutture istituzionali e militari. È su questo sfondo che si giunge alla fondazione degli Ordini religioso-militari, nei quali non a caso molti ex-cavalieri briganti recitavano con la loro *conversio* la palinodia dei crimini consumati nella precedente vita, cioè quelli di spogliare i viandanti: infatti, scopo principale dei cavalieri di San Giovanni era accogliere i pellegrini, e dei templari scortarli e proteggerli durante la visita in Terra Santa. D'altro canto, a parte il radicalismo della soluzione religioso-militare, la cavalleria restava prospettiva etica da viversi nel secolo: ma secondo parametri che la subordinavano ai programmi ecclesiastici di pace e di mantenimento dell'ordine.

Insistiamo su questo punto. Uno dei primi e dei più gravi problemi che i "crociati" si trovarono a dover affrontare, fu quello del consolidamento delle loro posizioni e della difesa delle loro conquiste.

A uno stabile insediamento dei pellegrini-guerrieri in Terra Santa, i componenti della bizzarra spedizione che siamo ormai abituati a chiamare "prima crociata" non avevano in realtà pensato: e non si capisce nemmeno bene quando cominciarono a pensarci. All'indomani della presa della Città Santa, quindi, molti dei pellegrini (armati o no che fossero) ritennero sciolto il loro voto e, dopo aver pregato sulla pietra del Santo Sepolcro, si accinsero a tornare a casa.

Ma c'era chi voleva restare e chi riteneva di non poter fare ormai altrimenti. Il circostante mondo islamico, riavutosi dalla sorpresa, si andava riorganizzando: e le notizie relative alla sanguinosa ferocia che aveva accompagnato la conquista di quella che per i musulmani era (ed è) *al-Quds*, "la Santa", facevano prevedere una controffensiva molto dura. D'altro canto, i principi che avevano guidato la spedizione europea non avevano alcuna intenzione di cedere le loro conquiste all'imperatore bizantino, il solo che dal punto di vista cristiano avrebbe avuto legittimità di governarle; avevano provato a offrirne la sovranità eminente al Papa, magari per farsele poi ritrasferire a titolo vassallatico (così era accaduto ad esempio nell'Italia meridionale coi normanni). Ma il Pontefice non aveva alcuna intenzione di usurpare un palese diritto del sovrano di Costantinopoli, cosa che avrebbe aggravato e reso irreversibile lo scisma allora in corso (e mai, fino ad oggi, sanato). Infine, c'era il problema che alcuni grandi principi (Goffredo duca della Bassa Lorena, Raimondo marchese di Provenza, Boemondo d'Altavilla) e un numero forse notevole di cavalieri e di gente di minor conto si erano bruciati, per così dire, i ponti dietro le spalle: e l'Oltremare doveva ormai essere la loro nuova patria, la terra della loro nuova vita e la base per nuove conquiste o comunque per una nuova esistenza.

In questo variegato insieme di personaggi e di condizioni, un gruppo di particolare interesse doveva essere costituito da gente d'arme di varia posizione, ma accomunata da un forte disagio socioeconomico oppure (e magari, al tempo stesso) da una vocazione al servizio dei pellegrini che si era rivelata in viaggio. Le fonti chiamano questi guerrieri dotati di pochi mezzi – o che, affascinati dall'ideale della *conversio* al servizio alla Chiesa e ai deboli, si erano disfatti volontariamente dei loro beni – con l'espressione paradossale, quasi ossimorica, di *pauperes milites*. Ora che la Terra Santa era conquistata, bisognava difenderla: i pellegrini erano minacciati dalla guerriglia musulmana che arrivava alle porte di Gerusalemme, il nuovo regno – fondato unilateralmente per volontà di alcuni capi crociati nel 1100, dopo un anno d'incerto governo di Goffredo di Lorena come *Advocatus Sancti Sepulchri*, "procuratore laico" della Chiesa latina della Città Santa – era insicuro, molti arrivati di fresco dall'Europa si ammalavano e bisognava ospitarli e curarli.

Nacquero così sodalizi, *fraternitates,* di cavalieri che si votavano per un certo periodo o per sempre a una vita comune – sul modello dei canonici regolari o addirittura dei monaci – e all'assistenza dei poveri, dei pellegrini, degli ammalati. La Chiesa guardò a questo fenomeno, in un primo tempo, con una certa inquietudine e non poche riserve: ma di lì a poco si lasciò persuadere a legittimare e ad accogliere come vere e proprie *Religiones* dotate di relativa *Regula* questi sodalizi: nacquero così Ordini religiosi nuovi, nei quali il gruppo qualificante era costituito da laici che per il fatto di avere abbracciato una Regola non deponevano le armi, ma facevano del loro esercizio in difesa dei cristiani parte integrante della loro esperienza di *conversio*.

Nel centro della Gerusalemme dell'XI secolo, immediatamente a sud della chiesa del Santo Sepolcro, un gruppo di questi "convertiti" prese dimora stabile attorno alla chiesa di San Giovanni, adiacente alla chiesa "di Santa Maria Latina". Apparteneva alle strutture protette dai primi del IX secolo da Carlo Magno, grazie ai suoi rapporti con il califfo di Baghdad Harun ar-Rashid? Era in rapporto con un *hospitium* tenuto dagli amalfitani che sembra vi si fosse da tempo impiantato? Può darsi: ma, al solito, nulla di certo. La croce a coda di rondine che campeggia sia sulle insegne araldiche di Amalfi sia su quelle dell'Ordine non è casuale, ma non prova nulla:

si tratta anche in qualche caso di tradizioni radicate più tardi. Dall'ospizio nel quale si erano insediati essi assunsero il nome: lo conosciamo infatti come Ordine ospitaliero di San Giovanni di Gerusalemme, divenuto poi "di Rodi" e infine "di Malta". Suo compito era ospitare i pellegrini, guidarne e proteggerne il circuito attraverso i Luoghi Santi di Palestina, curare quelli di loro che si ammalavano.

Le notizie sicure datano dai primi del XII secolo. Fosse o no amalfitano il primo "maestro", Gerardo, alla storia documentata appartengono sia l'approvazione da parte di Pasquale II, nel 1113, di un Ordine religioso disciplinato dalla Regola agostiniana e dedito alla cura dei pellegrini e degli ammalati, sia l'immissione in esso per ragioni d'ordine contingente, nel 1121, di alcuni armati, da parte del maestro Raimondo di Le Puy.

In un primo tempo, quindi, si ebbe il volontario riunirsi in *fraternitas*, attorno a un edificio sacro e a un annesso ospizio, di alcuni laici che fecero voto di assistere pellegrini e ammalati; le condizioni d'insicurezza della Terra Santa, all'indomani della prima crociata, consigliarono d'immettervi anche dei "cavalieri" che fungessero da scorta e protezione; la contemporanea fondazione di un Ordine a prevalente carattere guerriero, quello del Tempio, indusse anche gli ospitalieri − che avevano assunto il nome di "san Giovanni di Gerusalemme" − a sviluppare a loro volta sempre di più un carattere militare che li condusse a gestire fortezze e a controllare strade e confini, in collaborazione e in concorrenza con i templari.

Anche le notizie sull'origine di questi ultimi non sono certe. Nel 1118 un oscuro cavaliere originario della Champagne, Ugo di Payns, riuscì a farsi cedere da re Baldovino I un'ala dell'ex-moschea al-Aqsa (situata, come la Cupola della Roccia, sulla spianata del Tempio di Salomone) per alloggiarvi i membri di un'altra di queste *fraternitates,* che si era autoaggiudicata il compito di mantenere, pattugliandola, sgombra dai briganti la strada che dalla costa conduceva a Gerusalemme. Questo fu il primo nucleo del futuro Ordine religioso che – dalla sua residenza – sarebbe stato detto "templare": e molto probabilmente questo fu l'esempio che indusse gli ospitalieri di San Giovanni a modificare la loro primitiva struttura assumendo esplicitamente anche l'uso delle armi che forse avevano messo in un primo tempo da parte, com'era ovvio e consueto quando attraverso la *conversio* si mutava vita. Ma, in quel caso, la *necessitas* del momento prescriveva che si agisse altrimenti. Non deve stupire che re Baldovino cedesse con tanta facilità la bella moschea meridionale della spianata del Tempio – che era stata adattata alla meglio a residenza regia – a questi nuovi venuti, presumibilmente abbastanza scarsi di numero e non troppo ben in arnese. Il fatto è che aveva bisogno di armati validi; e poi, si era ormai procurato una nuova reggia più consona alla sua dignità di sovrano e alle necessità militari nella fortezza di Erode, vale a dire nella "Torre di Davide" all'estremo occidente della città. Né stupirà il nome di "templari" attribuito al nuovo sodalizio, ove si consideri che esso veniva così ad occupare un edificio comunemente noto ai latini come il "Tempio di Salomone" (la vicina Cupola della Roccia veniva chiamata, con curioso sdoppiamento, "il Tempio del Signore"): era abituale che Ordini e congregazioni assumessero il nome della località nella quale erano stati primitivamente fondati: si pensi ai cassinesi, ai cluniacensi, ai vallombrosani, ai camaldolesi, ai certosini, ai cistercensi e via dicendo.

Gli Ordini religioso-militari (chiamiamoli, non senza qualche approssimazione, così) furono largamente apprezzati e favoriti da Baldovino I e poi da Baldovino II, che fecero loro conferire terre e decime in denaro gettando così le basi del loro futuro strapotere politico ed economico nel regno. Peraltro, essi rispondevano a precise necessità: non solo perché il secondo decennio del secolo era stato particolarmente duro per i principati franchi, ma anche perché la loro situazione militare era angustiata dalla mancanza di combattenti e dall'insicurezza delle comunicazioni tra città e città. I pellegrini, che arrivavano soprattutto verso la Pasqua, fornivano un esercito stagionale; ma alla fine dell'estate il regno restava nuovamente sguarnito. C'era bisogno di un esercito stabile, che a sua volta trasformasse la lotta agli infedeli in un impegno fisso. Potremmo dire che la "crociata permanente" sia stata lo scopo della fondazione degli Ordini religioso-militari e la ragione del loro successo. Ma, appunto, queste cose potremmo dirle solo con una buona dose di volontà semplificatoria, e non senza prendere atto e tener conto delle precisazioni degli specialisti al riguardo.

Intanto il nuovo regno di Gerusalemme si qualificava paradossalmente – e lo si è già visto – come la prima monarchia feudale "laica" della cristianità, la prima forzosamente *superiorem non recognoscens,* poiché per varie ragioni non aveva voluto o potuto diventare vassalla di nessuno. A loro volta, i capi crociati divennero principi di differenti signorie, da Antiochia a Tripoli a Giaffa alla Galilea, all'Oltregiordano, fino a Gaza e ad Ascalona. Nelle mani dei crociati non c'era in realtà alcun territorio dotato di una sua organica continuità,

bensì una ragnatela di città e di castelli collegati da piste carovaniere. La frontiera, quella limitanea esterna e quella interna,
è una delle grandi protagoniste di tutta la bicentenaria storia
del regno crociato di Gerusalemme.

Ma, in crisi di sviluppo, tutta la società occidentale tendeva a proiettarsi al di là dei suoi confini. La crociata ne è
una prova; intanto, per tutta la prima metà del nuovo secolo
la lotta contro i mori procedeva in Spagna specie per merito di Alfonso VII di Castiglia, che nel 1147 portò fin sotto
le mura di Cordoba la serrata offensiva che aveva iniziato
quindici anni prima. Ciò mentre, nel 1137, il matrimonio
di Petronilla d'Aragona con Raimondo Berengario IV di
Catalogna permetteva la fusione dei due principati in un
solo stato, forte soprattutto per la sua marina. La tempesta
almohade si andava dal Marocco addensando nel cielo di
Spagna, ma non era ancora scoppiata. E siccome lo stesso
Ruggero II, re di Sicilia dal 1130, conduceva una politica
espansionistica nel Nordafrica a danno dei re-corsari della
zona attorno al golfo di Gabes e nel 1146 occupava Tripoli, un osservatore sprovveduto – e quasi tutti gli europei
lo erano per quanto riguardava le vicende che eccedevano
dai confini del loro continente – avrebbe potuto ricevere
l'illusione ottica d'un attacco serrato di tutta la cristianità
a tutto l'islam, d'un grande fronte unico dalla Castiglia alla
Siria. Naturalmente, così non era: né l'islam era un blocco
monolitico, né gli attacchi cristiani erano collegati l'uno con
l'altro. Ma l'illusione era forte, e le illusioni sono spesso pro-
motrici feconde di valori storici.

Ciò che accadeva a sud contro i saraceni, sembrava accadere a nord contro i pagani. Naturalmente, anche in quel caso

la realtà era molto più complessa delle apparenze. Nobili e contadini in cerca di terre da dissodare avevano portato a est dell'Elba, verso i primi del secolo, il *Drang nach Osten* germanico. Si facevano grandi reclutamenti di contadini e si bonificava, si disboscava, si arava mentre si convertivano i popoli pagani stanziati tra l'Elba e l'Oder. I nuovi Ordini religiosi, i premonstratensi e soprattutto i cistercensi che avevano riportato in auge il primitivo dettame benedettino del lavoro manuale, erano il lievito di quest'offensiva che conquistava nuove terre coltivabili alla cristianità e nuove anime al Cristo. Le grandi fattorie cistercensi costituitesi in quelle zone erano esemplari, perché vi si praticavano l'agricoltura e l'allevamento mirando non ai limiti curtensi del fabbisogno interno ma alle esigenze dei mercati. Il debole imperatore Lotario di Supplimburgo ebbe, se non altro, il merito di comprendere il valore di questa campagna colonizzatrice.

Come in Spagna e come nel Nordest europeo, il controllo del territorio e dei suoi confini si organizzò attraverso un sistema d'incastellamento al quale collaborarono signori laici e Ordini religioso-militari. I tre "sistemi lineari" di fortezze grosso modo disposte in direzione nord-sud su tre linee leggermente divaricanti che dal Libano e dalla costa prospiciente scendono verso meridione allineate lungo il litorale del mar di Levante e, rispettivamente, a ovest e a est del *ghur*, nella parte settentrionale di quella faglia conosciuta come "depressione dancalica" che interessa più a sud lo stesso mar Rosso, potrebbero sembrare a prima vista come il frutto di una sapiente programmazione geotattico-strategica. Non è così: e Ligato mostra bene attraverso quali scelte anche fortuite, quali tensioni, quali eventi specifici siano stati costruiti, demoliti, abbandonati, conquistati, restaurati e siano mutati di mano e di funzione i vari castelli, alcuni dei quali – come il Crac des Chevaliers nella recentissima guerra civile che ha travolto la Siria – hanno in qualche modo recuperato, in drammatiche e sfortunate circostanze, la loro funzione militare o quanto meno in nuovi conflitti si sono trovati coinvolti. Prova ulteriore del resto, sia pur triste, della lungimiranza militare di chi ne aveva scelto il sito e l'impianto.

Un caso particolare – e poco studiato, sino alla missione archeologica dell'Università di Firenze avviata in Petra da una trentina di anni dall'amico e collega Guido Vannini – è l'incastellamento dell'Oltregiordano, che iniziò con la fondazione di Shawbak (Montréal) nel 1115, su un luogo già precedentemente occupato e fortificato, all'incrocio delle carovaniere dirette verso l'Arabia e quindi usate dai pellegrini nel loro *haj*, l'Egitto e la Siria. A nord di Shawbak, sorgevano Kerak (detto "di Moab", o *Petra deserti*) e Tafila; a sud i due enigmatici castelli di Wu'ayra e di al-Habis, nell'area della città carovaniera nabatea di Petra; e la linea difensiva, ch'era anche una linea di vedetta e di sorveglianza, continuava verso sud, fino al porto di Aylah-Aqaba, fino al castello dell'isola dei Faraoni (*Île de Graye* per i crociati) su un'isoletta addossata alla costa nord-orientale del Sinai. Gli avamposti crociati bagnavano le loro fondamenta nel mar Rosso: una considerazione che ci fa apparire certo non meno feroci, però molto meno leggendari o utopistici i sogni di Rinaldo di Châtillon, che tentò di terrorizzare e di razziare con la sua flotta gli opulenti centri musulmani di quel mare e giunse nel suo ardire al disegno di saccheggiare La Mecca. Un'audacia ai confini con la follia, che non si arrestò neppure dinanzi alle pie schiere disarmate di pellegrini diretti a La Mecca per lo *haj* e che per tali misfatti sacrileghi la lama del Saladino avrebbe punito nel luglio del 1187, all'indomani della tragedia di Hattin.

Questi i dati essenziali che vanno tenuti presenti leggendo il bel libro di Giuseppe Ligato, e su molti dei quali del resto l'Autore insiste in un libro di storia rigorosamente medievale, che stupirà tuttavia per la sua non certo intenzionale contemporaneità.

## Bibliografia

A. Barbero, *Benedette guerre. Crociate e jihad,* Laterza, Roma–Bari 2009.

A. Demurger, *Chevaliers du Christ. Les Ordres religieux-militaires au Moyen Âge, XI.e-XVI.e siècle*, Seuil, Paris 2002.

G. Ligato, *La croce in catene. Prigionieri e ostaggi cristiani nelle guerre di Saladino (1169-1193)*, Fondazione Centro Italiano di Studi sull'Alto Medioevo, Spoleto 2005.

L. Marino, *La fabbrica dei castelli crociati in Terra Santa*, Cantini, Firenze 1997.

M. R. Menocal, *Principi, poeti e visir. Un esempio di convivenza pacifica tra musulmani, ebrei e cristiani*, Il Saggiatore, Milano 2002.

J. Prawer, *Colonialismo medievale. Il regno latino di Gerusalemme*, Jouvence, Roma 1982.

J.E. Ruiz-Domènec, *Mi Cid. Noticia de Rodrigo Díaz*, Península, Barcelona 2007.

G. Vannini, "Petra medievale. Insediamenti di epoca crociata e ayyubide in Transgiordania", in *Missioni archeologiche italiane*, L'Erma di Bretschneider, Roma 1997, pp. 103–106.

Id.,"Un'esperienza di archeologia medievale nel Vicino Oriente mediterraneo. La missione 'Petra medievale' dell'Università di Firenze", in *Temporis signa*, CISAM, Spoleto 2011, pp. 175-194.

A.Vanoli, *Alle origini della Reconquista*, Aragno, Torino 2003.

A.Vanoli, *La Spagna delle tre culture. Ebrei, cristiani e musulmani tra storia e mito*, Viella, Roma 2006.

# Nota dell'Autore

Nella maggior parte dei casi i testi qui presentati sono stati redatti espressamente per questo volume, oppure sono usciti negli anni scorsi sulla rivista della Custodia francescana *La Terra Santa* (oggi *Terrasanta*); in questo caso, quando non è stata effettuata una vera e propria riscrittura si sono aggiunti aggiornamenti e altre modifiche, soprattutto quelle imposte dagli scavi archeologici e dai sopralluoghi degli anni successivi, condotti per far corrispondere il più possibile i contenuti di questa "guida" ai panorami storico-architettonici che i pellegrini e gli altri visitatori hanno davanti agli occhi, quasi sempre per poco tempo, durante le proprie escursioni.

Fra Rosario Pierri, che fa onore al greco biblico insegnandolo presso lo Studium Biblicum Franciscanum di Gerusalemme, ha effettuato insieme al sottoscritto buona parte delle visite ai castelli dei quali si ricostruiscono qui le vicende principali; oltre alle copiose fotografie da lui scattate in tutti i siti visitati, il suo contributo di idee e suggerimenti è stato strategico, a parte il piacere di tante "gite" fatte in amicizia, in un'atmosfera che ha addolcito le camminate sotto il sole e reso più gradevoli i momenti di ristoro all'ombra di arcigni bastioni. Desideravo quindi che fra Rosario figurasse come coautore (quale effettivamente è), ma egli ha preferito concentrarsi sui suoi impegni scientifici e didattici; con questo atto di modestia egli fa onore anche al proprio Ordine, ma resto comunque suo debitore e gli dedico questo libretto che è, non solo moralmente, anche suo.

# La Terra Santa dei castelli crociati: le pietre, gli uomini

Tanti visitatori moderni attraversano la Terra Santa privilegiando giustamente i luoghi biblici strettamente intesi, per poi tuttavia ripartire dopo un soggiorno sempre troppo breve e senza avere colto tanti aspetti della storia di questa regione fra il 1099 e il 1291 (dalla conquista di Gerusalemme alla caduta di S. Giovanni d'Acri, ultimo baluardo della cristianità latina orientale), le date rispettivamente di inizio e fine della presenza crociata; una presenza ricca di significati e personaggi straordinari pur essendo stata resa possibile da un'idea della "guerra santa" che la Chiesa ha da tempo ripudiato. Eppure i Luoghi Santi oggi visitati da pellegrini e turisti hanno quasi tutti l'aspetto creato nel Medioevo, soprattutto durante i due secoli di occupazione crociata; anche dove edifici di epoche precedenti hanno conservato una parte rilevante del proprio aspetto originario, o altri di epoche successive sono stati sovrapposti a quelli medievali, il dominio della cristianità occidentale nei secoli XII e XIII ha lasciato tracce di varia profondità e ben visibili, alle quali si aggiungono quelle che la ricerca archeologica riporta continuamente alla luce. Dalla conquista di Antiochia alla fine dell'XI secolo fino al termine della presenza latina, l'attività costruttiva o anche di semplice riparazione e manutenzione degli edifici ha dato un'impronta indelebile a questa terra, grazie a un'opera incessante svolta dai crociati veri e propri ma anche dagli altri cristiani di rito latino-romano (soprattutto pellegrini), i quali spesso si vedevano promettere benefici spirituali in cambio anche di semplice manovalanza nelle fortezze, che si trattasse di costruirle o di ripararne le parti danneggiate nei combattimenti. Questo merito era condiviso nel campo avverso, dove nemmeno i sultani disdegnavano di farsi manovali per onorare la propria fede nei cantieri dei castelli, propri o tolti al nemico: la storia della presenza crociata nel Levante è anche quella della progressiva riconquista arabo-turca, la quale anche dal punto di vista architettonico ha contribuito a dare a queste regioni l'aspetto attuale. Va inoltre tenuto presente che le guerre d'Oltremare, pur lasciando molte opportunità ai cavalieri in cerca d'onore nel confronto con schiere nemiche su possenti destrieri, erano spesso guerre d'assedio, in cui anche le battaglie campali stavano sullo sfondo di posizioni da conquistare o da difendere.

Il castello medievale dei secoli XI-XIII non è generalmente rappresentato in maniera realistica nell'arte del suo tempo, che è simbolica e stilizzata: infatti l'edificio eretto a scopo militare è spesso raffigurato mediante una semplice torre, talvolta poche di più e con una singola cortina muraria. Inoltre, fra noi e il castello medievale si interpone il luogo comune che lo fa spesso immaginare come una reggia fortificata con qualche accenno stilistico "disneyano", ricca di arredi e ornamenti pregiati fra i quali si aggirano personaggi agghindati secondo la moda del tempo. Abbigliamento degli occupanti a parte, talvolta un po' spregiudicato se possiamo prestare fede alle invettive di alcuni cronisti coevi, in realtà questi castelli erano severe macchine da guerra: sobrie e funzionali, appena ingentilite dalle inevitabili dotazioni di edifici sacri e botteghe artigianali, per le necessità spirituali e materiali della guarnigione e delle relative famiglie. Rarissimi gli abbellimenti scultorei e i mosaici, poco frequenti gli affreschi, almeno a giudicare dalle scarse parti sopravvissute: qualcosa di più si è conservato nel siriano Crac des Chevaliers, il quale però era poco meno che una città fortificata e ospitava attività variegate, soprattutto i servizi per la folta guarnigione. Per conoscere meglio questa realtà, conviene allora partire dalle cronache e dalle altre opere letterarie anteriori al più delicato mondo cortese, nelle quali sono rarissimi i riferimenti alla bellezza e alle comodità dell'edificio, giudicato piuttosto per la sua efficienza militare. Ed è proprio la severa, marziale sobrietà a rendere affascinanti questi castelli, anche oggi quando sono ridotti a rovine che, pure nei casi di buona conservazione, ci ammoniscono sulla caducità di tutti i regni e imperi e sull'immane, paziente e devoto sforzo di difendere la terra di Cristo.

Nell'Oriente dei crociati, costantemente in inferiorità numerica rispetto alle inesauribili risorse demografiche dei popoli arabo-turchi, il castello era un'arma indispensabile sia per la difesa sia per dare sostegno logistico alle nuove campagne di conquista di territori a propria volta bisognosi di sicurezza: era infatti impossibile, una volta delimitata una frontiera con l'islam, presidiare un confine continuo e le poche truppe disponibili avevano bisogno di punti fortificati sparsi dai quali controllare i movimenti del nemico, effettuare qualche puntata esplorativo-offensiva e, in caso di minaccia musulmana, accogliere e difendere dietro solide mura le popolazioni del territorio invaso e le necessarie scorte di acqua, viveri (anche per il bestiame) e armi. La strategia del regno crociato prevedeva che i grandi eserciti nemici, quasi sempre superiori nel numero, fossero semplicemente tenuti a bada evitando lo scontro campale che, in caso di sconfitta cristiana, avrebbe causato la caduta di innumerevoli città e castelli; infatti, mentre i signori musulmani di Egitto e Siria disponevano di riserve umane e materiali illimitate, oltre che di linee di comunicazione più brevi e sicure, i cristiani erano frequentemente a corto di tali risorse e ogni perdita di uomini, cavalli, armi e fortificazioni era difficilmente compensabile, considerata anche la difficoltà di far affluire rinforzi lungo le rotte mediterranee o le vie dei Balcani e dell'Asia Minore, queste ultime progressivamente chiuse. Inoltre, quando si trattava di affrontare il nemico in un'unica battaglia campale, le guarnigioni dovevano raggiungere l'esercito del regno; e quando questo venne annientato ad Hattin presso il lago di Tiberiade nel 1187, i castelli, rimasti pressoché indifesi, dovettero resistere da soli e caddero l'uno dopo l'altro come pedine del domino, spesso per fame o dopo aver accettato l'ultima offerta del nemico, che prometteva la libera e sicura evacuazione in cambio della fortezza. Fu ciò che accadde a La Fève, poco prima della catastrofe di Hattin: allo sgomento esploratore che cercava compagni e notizie sui movimenti del nemico, apparvero un portone spalancato, un edificio ab-

bandonato e una guarnigione costituita da appena due uomini, che giacevano malati in una stanza.

Nei quasi duecento anni di permanenza crociata, la necessità di costruire edifici militari o religiosi (spesso non facilmente distinguibili tra loro, dati i tempi), di abbatterli per
toglierli al nemico avanzante, oppure di difenderli e poi ripa-
rarli per eliminare i danni inflitti durante gli assedi fu la causa
principale di un fervore edilizio raramente eguagliato nella
storia umana. Dobbiamo però avvertire che questo non è un
libro di assurda nostalgia delle crociate né di archeologia: in
merito al primo tema, infatti, lo scopo che ci siamo dati è un
perfezionamento della conoscenza storica, un desiderio di cui
noi autori, dopo decenni di studio e ricerca in questa terra,
notiamo frequentemente la mancata soddisfazione nei pellegrini dopo "giri" spesso troppo sbrigativi, il cui programma vieta soste più ponderate; quanto al nostro atteggiamento
verso l'archeologia, siamo consapevoli che la vastità e com-
plessità dell'ambito sono incompatibili con il nostro contesto, il quale non è specialistico o accademico e che vogliamo
definire così: disporre tra le pietre gli uomini e le loro storie,
arricchire con immagini e racconti la conoscenza della Terra
Santa come i crociati progressivamente la rimodellarono, la-
sciandola nella forma in cui essa è visitata oggi; e mostrare ai
pellegrini luoghi e memorie storiche che anche gli itinerari
e i programmi delle organizzazioni più professionali sono costretti ad accantonare per motivi organizzativi o di sicurezza.
Infatti tanti visitatori moderni transitano nei paraggi di siti
medievali di grandissimo interesse (o addirittura li attraversano o vi sostano, come nel caso di quelli obbligatori come
per esempio la basilica della Resurrezione), senza immaginare

La regione dei castelli crociati, ospitalieri e teutonici nell'Oriente latino.
La scelta della posizione dipendeva dalla vicinanza di sorgenti d'acqua, dal controllo delle vie di comunicazione e dalla difesa delle rendite agricole locali.

Crac des Chevaliers

Homs

Beirut

*Mare Mediterraneo*

LIBANO

Damasco

Nimrud

SIRIA

Montfort

Guado di Giacobbe

Safed

Monte Tabor

*Lago di Gennesaret*

Athlit

Belvoir

Cesarea Marittima

TERRITORI PALESTINESI

Tel Aviv

Taybeh

Amman

Torre di Davide

GIORDANIA

Gerusalemme

Gaza

*Mar Morto*

ARABIA SAUDITA

Kerak di Moab

ISRAELE

EGITTO

Montréal

Wu'ayra e Habis

Aylah-Aqaba

10 km

quanta storia vi passò fra il 1099 e il 1291. Si è cercato quindi di tenere in considerazione il percorso-tipo dei pellegrini, magari suggerendo qualche deviazione e privilegiando gli edifici che abbiano dietro di sé una storia; ma anche di inserire luoghi necessariamente esclusi dagli itinerari moderni, senza i quali tuttavia non è possibile la comprensione della presenza latina in Medio Oriente nei secoli XI–XIII. Pertanto la rocca di Gerusalemme, comunemente designata come la "Torre di Davide" e costituente un incontro ineludibile per qualsiasi visitatore della Città Santa, figura in questo libro accanto a località invece non visitabili per motivi di sicurezza militare o per il loro coinvolgimento nelle attuali guerre mediorientali. Appartiene al primo gruppo una delle forme più perfette dell'edilizia militare introdotta e sviluppata dai crociati, ossia il castello di Athlit nell'Israele settentrionale, che nonostante le vicissitudini e la povertà dei resti attuali ha finito con il rappresentare secondo alcuni il meglio della tecnica difensiva latina nell'Oriente medievale; mentre invece assai meglio conservato è il siriano Crac des Chevaliers che rappresenta la sintesi del castello crociato–ospitaliere nelle proprie successive stratificazioni architettoniche, favorito anche dall'ottima conservazione (guerra attuale permettendo). La storia delle crociate è poi anche quella di chi le contrastò, ed ecco perché sono state inserite in questo libro parti dedicate a fortificazioni che per storia, importanza e bellezza non fanno parte del patrimonio architettonico dei crociati bensì di quello dei loro nemici, in particolare le fortezze della dinastia ayyubide (quella di Saladino) sul monte Tabor e a Nimrud, da segnalare anche per la facilità con cui un pellegrino le può trovare in coincidenza o in prossimità del proprio itinerario.

In epoca crociata si intuì anche il carattere meritorio della costruzione, manutenzione e difesa delle fortificazioni, continuamente abbattute e ripristinate: nel 1192 il re d'Inghilterra Riccardo Cuor di Leone si fece temporaneamente manovale per partecipare alla ricostruzione delle difese di Ascalona, oltre a contribuire all'opera anche con fondi personali e non solo della corona; quanto al suo avversario Saladino, egli, dopo avere riconquistato Gerusalemme, partecipò di persona al trasporto delle pietre del cantiere da lui fatto aprire per riparare i danni inflitti dalle sue stesse catapulte durante l'assedio del 1187; dopo il 1250 Luigi IX re di Francia non si limitò a dirigere i lavori per la rifortificazione di Giaffa e Cesarea ma volle anche prendervi parte, per ottenere il perdono dei propri peccati (né disdegnò di dedicarsi persino alla ricomposizione delle salme dei caduti, esponendosi a contagi pericolosissimi per la sua fibra già fiaccata dalle malattie). Completa degnamente la serie dei potenti fattisi operai per la fede il sultano mamelucco Baybars il quale, dopo aver espugnato il castello templare di Safed in Galilea nel 1266, volle caricarsi sulla schiena terra e pietre durante la risistemazione da lui stesso ordinata. Ricordiamo questi episodi per insistere sull'importanza che i castelli di Terra Santa ebbero non solo sul piano strettamente militare, ma anche su quello dell'impegno per e con la fede; e l'importanza suprema che le varie torri, mura e rocche rivestivano per coloro che erano stati chiamati a costruirle, ripararle e difenderle si deve vedere nella testimonianza di chi dava qualsiasi contributo. Pellegrini e penitenti potevano così fornire un'opera preziosa anche senza maneggiare le armi; e forse avranno considerato questa manovalanza come un sacrificio meritorio anche i prigionieri delle due parti, ai quali si imponevano spesso i lavori forzati nei cantieri dei castelli del nemico, come appresero i cristiani ai quali Saladino impose di erigere le nuove fortificazioni del Cairo, nelle quali furono inseriti anche blocchi di pietra sottratti alle vicine piramidi; ancora più evidenti i massi calcarei che dopo la riconquista islamica di Gerusalemme (1187) l'emiro Caracois fece spostare ai prigionieri, e che ancora oggi sono visibili all'estremità nord-occidentale della Città Vecchia.

Lasciando agli archeologi la presentazione delle strutture, ci siamo insomma concentrati su ciò che accadde all'interno e davanti alle mura di questi castelli, ancora oggi segno della fine di qualsiasi potenza terrena ma anche testimonianza di una grande impresa della fede.

# La conquista, l'arrivo dei templari e l'evoluzione dell'incastellamento

La difesa dei Luoghi Santi non poteva limitarsi a quella delle località che avevano ospitato gli eventi della Bibbia: già durante la marcia in Asia Minore in direzione di Gerusalemme, Goffredo di Buglione e i suoi compagni avevano colto la necessità di appoggiarsi a linee di comunicazione ben sorvegliate e a porti sul Mediterraneo, obiettivi delle successive e mai interrotte campagne di consolidamento prima, di difesa poi. Dopo le carneficine del primo decennio di occupazione, la monarchia latina creata a Gerusalemme si rese conto che le città andavano ripopolate, anche favorendo l'afflusso di cristiani orientali spesso però poco stimati come soldati; anche per questo motivo ci si convinse che una cintura di castelli avrebbe dovuto sostenere l'azione delle esigue milizie di uomini validi contro un islam bramoso di rivincita e i cui obiettivi erano città, coltivazioni e vie commerciali e di rifornimento, oltre alle popolazioni alle quali la cattura apriva normalmente la via del mercato degli schiavi. Dalle due capitali dell'islam mediterraneo, il Cairo e Damasco, iniziarono presto le prime controffensive musulmane e occorreva difendere il territorio posto fra questi due poli della potenza nemica, territorio strutturato fra vari potentati cristiani: il regno di Gerusalemme vero e proprio, imperniato sulla Città Santa, la contea di Edessa a cavallo dell'Eufrate, quella di Tripoli di Siria e il principato di Antiochia al confine dell'attuale Turchia. Dalla capitale Gerusalemme era spesso necessario organizzare colonne di soccorso per i territori più lontani, i quali pur essendo autonomi guardavano con ansia al regno gerosolimitano che si faceva regolarmente carico della sopravvivenza di quelle propaggini della presenza cristiana e latina, propaggini particolarmente esposte alla controffensiva islamica. Non fu un caso che la caduta di Edessa nel 1144, oltre a provocare la seconda crociata, mandasse il primo segnale d'allarme per l'Oriente latino, e un altro segnale fu costituito nel 1170 dalla conquista da parte di Saladino delle fortificazioni che all'estremità meridionale del regno vigilavano sul porto di Aqaba (allora chiamato Aylah, nome ereditato dalla vicina città israeliana sulle stesse sponde settentrionali del mar Rosso). Eppure, ancora dopo la perdita di Edessa i cristiani prendevano il porto di Ascalona (1153), ultima vera conquista crociata; né si disdegnava di concepire arditi progetti di continuazione delle occupazioni in direzione dell'Egitto a sud-ovest o dei territori oltre il Giordano più a oriente, i quali offrivano prospettive di arricchimento nei favolosi mercati del delta del Nilo e del traffico carovaniero, compreso quello che dai territori meridionali dell'attuale Giordania si collegava alla magica Arabia dell'incenso e dei prodotti dell'Oriente più remoto; e una volta giunti sulle rive del mar Rosso, i crociati poterono bagnarsi nelle acque di quello che i viaggiatori arabi chiamavano "il mare della Cina". Il più folle di questi tentativi fu quello di Rinaldo di Châtillon signore dell'Oltregiordano, spintosi nel 1182 con alcune navi in direzione di La Mecca, mai raggiunta per la furiosa reazione di Saladino. Con questa avventura i castelli crociati, specialmente quelli del feudo meridionale nell'attuale Giordania, dimostrarono che la loro funzione poteva essere non solo difensiva ma anche offensiva, con rapido avvicendamento delle due funzioni in una scacchiera dove attacco e difesa si alternavano con brusche mutazioni e raramente un'azione restava priva di reazione.

In questo quadro strategico il castello serviva per il controllo delle strade e delle piste desertiche, la concentrazione di truppe incaricate di perlustrare le regioni circostanti, la riscossione dei dazi dalle carovane, l'osservazione dei movimenti del nemico per intercettarne le frequenti puntate offensive e talvolta il lancio di improvvise stoccate nei suoi stessi territori, con l'intento di sfiancarlo imponendogli di contrastare le bellicose spedizioni partite da quei castelli che erano altrettante spine nel suo fianco. Era impossibile creare una linea continua di fortificazioni, sia per i costi sia per la cronica povertà demografica del regno e degli altri potentati fondati a partire dalla fine dell'XI secolo: il castello andava costruito dove le eventuali sorgenti e le rare precipitazioni permettevano adeguati rifornimenti idrici per uomini, cavalli e bestiame da guerra, trasporto e lavoro, oltre alle esigenze degli insediamenti creatisi intorno alle fortezze. Austere e spartane caserme più che residenze principesche (ma non estranee a qualche ricercatezza artistica nella sagomatura della pietra calcarea o basaltica, prime risorse dell'architettura locale), i castelli dei crociati, dei templari, degli ospitalieri e degli altri Ordini monastico-cavallereschi dovevano prima di tutto "funzionare" come risorse eminentemente pratiche: una volta aggiuntesi alle fortezze dei baroni del regno, le prime fortificazioni dei templari dovevano servire a sostenere la vocazione originaria dell'istituzione, vale a dire garantire la sicurezza lungo le principali arterie di pellegrinaggio (dal porto di Giaffa a Gerusalemme e da quest'ultima al Giordano) lungo le quali i cavalieri eressero una serie di piccole fortificazioni o torri isolate, come per esempio il Toron des Chevaliers/Latrun (una delle possibili individuazioni di Emmaus), poi esteso fino alle dimensioni di un castello vero e proprio; dal canto loro, gli ospitalieri passarono alla difesa dei castelli subito dopo essersi trasformati da istituzione assistenziale-sanitaria in istituzione anche militare, cosa che avvenne con la presa in consegna della fortezza di Beit Gibrin nel 1136, ossia quasi subito dopo la sua costruzione.

Prima delle crociate il Medio Oriente era relativamente povero di castelli ma disseminato di città fortificate, e conservava ottima memoria della tradizione architettonica romana, ereditata dai bizantini e da questi ultimi trasmessa agli arabi. Particolarmente diffusa la forma delle fortificazioni a pianta quadrata con torri angolari (*quadriburgia*), insieme alle mura urbane rinforzate da torri distribuite a intervalli più o meno regolari, leggermente sporgenti allo scopo di facilitare il tiro d'infilata (il sistema, per esempio, che i crociati dovettero affrontare nell'assalto a Gerusalemme del 1099) e dare così alla difesa una tendenza più aggressiva, quasi come se fosse il castello a schierarsi contro il nemico. Altri sistemi, come per esempio la costruzione del castello lungo uno sperone roccioso, potevano essere importati dall'Europa: sono interessanti le analogie fra i castelli eretti in Oriente con questa tecnica e le fortificazioni dei territori di Goffredo di Buglione, colui che il 15 luglio 1099 fu protagonista dell'assalto finale a Gerusalemme, di cui fu poi il primo reggente.

I crociati giungevano da un Occidente europeo ricco di legname e quindi inizialmente punteggiato di fortificazioni di legno erette su tumuli (anche artificiali) di terra; prima dei grandi castelli di pietra fondati anche su imitazione di quelli collaudati in Terra Santa, il tipico edificio militare europeo era costituito da un torrione iniziale, successivamente circondato da una cinta muraria e poi completato da corpi di fabbrica più complessi. Invece in Oriente si comprese subito che sarebbe stato conveniente l'opposto, ossia iniziare dalle mura all'interno delle quali lavorare in relativa sicurezza per la costruzione della fortezza vera e propria; e soprattutto, nell'Oriente a quel tempo più fertile di oggi ma comunque anche allora essenzialmente desertico e roccioso («*terra ista non est arborifera*», avevano sentenziato i baroni crociati a Gerusalemme nel 1099, quando fu necessario fabbricare macchine d'assedio con legname ricavato smontando le navi italiane rimaste sulla costa), i crociati dovettero affrontare fortificazioni molto diverse, normalmente di pietra quando non addirittura scavate direttamente nella roccia, fattore che impose la retrocessione dei castelli eretti con materiali di fortuna, soprattutto legno, alla funzione secondaria di bloccaggio di eventuali sortite da parte nemica, come per esempio all'assedio crociato di Antiochia del 1097-1098. Del resto, l'uso del raro legno esponeva a un tragico effetto collaterale,

Le tende dei crociati ai piedi della collina fortificata di Antiochia durante l'assedio, secondo le cronache. L'artista tenta di rappresentare i danni
inflitti a una delle torri.

vale a dire l'infiammabilità facilitata dall'uso islamico del praticamente inestinguibile "fuoco greco", la miscela il cui se-
greto era stato sottratto ai bizantini e che incuteva il terrore
anche nei più induriti veterani della cavalleria crociata, che
lo conosceva e temeva sin dalle prime battaglie d'Oriente.
Oltre che mediante barilotti scagliati dalle macchine da lancio, esso poteva giungere sulle teste dei cristiani anche mediante certe antenate delle "bottiglie Molotov", ossia delle
boccette di terracotta riportate alla luce soprattutto nel corso
degli scavi fatti condurre dalla Custodia francescana sul monte Tabor, il cui castello nel 1217 fu difeso con successo anche
con tali ordigni. Così si costruiva in pietra, e dove la pietra
era già adoperata la si riutilizzava; si trattava di un materiale
che era (ed è) generalmente calcareo e quindi lavorabile con
facilità, tanto che in certi casi il castello fu ricavato da una
collina sfruttata come cava, realizzando dai vuoti creati all'in-

terno i vari locali e lasciando lo spazio aperto tutt'intorno come fossato, naturalmente privo di acqua come era inevitabile in quelle regioni, a parte eccezioni come Cesarea Marittima o la cittadella di Tiberiade (dove il vicino e omonimo lago poteva servire anche a scopo difensivo); o come il castello costiero di Arsuf, dove una parte del fossato era stata scavata sotto il livello del mare ed era quindi facilmente allagabile; nel Kerak di Moab, invece, era la cisterna a diventare all'occorrenza fossato. Ma anche vuoti, i fossati di pietra levigata non offrivano appigli e in ogni caso si dimostravano efficaci al momento di tenere lontane le macchine d'assedio e la cavalleria nemica (le cronache citano nobili infortunatisi cadendo nei fossati durante l'attacco ai castelli nemici effettuato senza aver voluto scendere dal proprio destriero, *noblesse oblige*). L'inconveniente della pietra calcarea, il materiale più diffuso, era la sua relativa fragilità sotto i formidabili colpi di arieti e catapulte, ordigni dai quali la progressiva riconquista musulmana fu sempre più favorita dopo la metà del XII secolo, grazie al retaggio romano-ellenistico-bizantino e alla zelante copiatura delle macchine d'assedio del nemico occidentale (il quale infatti, quando rinunciava a un assedio, scrupolosamente le bruciava per non vedersele imitate). Inoltre la pietra calcarea offriva minore resistenza anche al fuoco e agli attrezzi dei temuti minatori orientali che scavavano gallerie sotto le difese murarie per farle crollare (sistema usato anche dai crociati, almeno dal loro primo assedio a Nicea nel 1096. Lo stesso Riccardo Cuor di Leone alla terza crociata schierava genieri siriani di Aleppo, insuperabili (come i loro colleghi del Khorasan, regione interna dell'Iran) nello scavare sotto le torri per farle crollare dopo aver coper-

L'assedio crociato di Antiochia nel 1097-1098. Al mangano a trazione umana (arma in realtà introdotta dopo il fatto) si contrappongono le semplici armi dei difensori, ossia frecce e pietre.

to di materiali infiammabili i puntelli da loro collocati nelle cavità così aperte; poteva anche succedere che i genieri addetti allo scavo di una di queste gallerie incontrassero sotto terra i nemici incaricati di bloccarli mediante lo scavo di un tunnel di intercettazione. Ma la tecnica del minamento fu progressivamente affiancata dagli sviluppi della tecnologia delle macchine da lancio: già dopo la conquista di Tiro l'osservazione degli ordigni azionati dai crociati era stata sistematica da parte dei vinti, i quali dai cavallereschi e forse anche ingenui vincitori avevano ottenuto di poter esaminare dettagliatamente «le macchine d'assedio [...] i tipi di armi [...] e fare specifiche domande su qualsiasi cosa» dell'esercito vincitore, tutte informazioni poi diligentemente riportate in attendibili relazioni. Due generazioni dopo, gli assedi alle città egiziane (Alessandria 1167 e 1174, Bilbeis 1168, Damietta 1169) permisero di sottrarre al nemico cristiano ulteriori segreti sulla costruzione e il funzionamento delle sue attrezzature ossidionali; i genieri e i tecnici di Saladino presero debitamente appunti, di cui troviamo traccia nel trattato che al-Tarsusi presentò al futuro conquistatore di Gerusalemme (il quale, infatti, almeno dal 1180 fu in grado di contrapporre alle mura dei castelli crociati un parco d'assedio di potenza inusitata). Da parte cristiana si rimediò alla crescente superiorità nemica in fatto di assedi erigendo rocche «fortificatissime e inespugnabili» come le definisce Giacomo di Vitry vescovo d'Acri, ricorrendo maggiormente alle difese naturali e aumentando l'altezza delle torri (oltre 40 metri quelle di Safed, ma dobbiamo immaginare le torri medievali assai più alte dei resti visibili oggi) e lo spessore delle mura, in castelli sempre più possenti come il Cràc des Chevaliers e i due Kerak di Shawbak-Montréal e Moab in Giordania; il muro esterno del castello templare di Athlit avrebbe raggiunto gli 8 metri di spessore, contro i 2 delle fortificazioni dei primi tempi e i 2,5 (il doppio sul lato settentrionale) delle pur formidabili mura del Kerak di Moab; appare aumentato, nel corso delle generazioni, anche il volume dei blocchi di pietra messi in opera. Pietre più piccole sarebbero state più facili da maneggiare ma avrebbero resistito meno a quelle scagliate dalle macchine d'assedio, in particolare i micidiali trabocchetti a contrappeso (perfezionamento di un'invenzione cinese del IV secolo a.C.) che lanciavano proiettili da un quintale a 400 metri e sono citati per la prima volta in Oriente nello stesso trattato offerto a Saladino, il quale certamente non li lasciò sulla pergamena. Anche per questo i crociati, insieme ai templari e agli ospitalieri, progressivamente ridotti a potersi solo difendere a partire dalla seconda

metà del XII secolo, talvolta ricorrevano pure alla roccia basaltica di origine vulcanica (riconoscibile per il colore scuro
provocato dall'ossidazione, con un effetto lugubre che desta
qualche impressione anche nei visitatori odierni), facile da
reperire in alcune zone e usata dopo una semplice sgrossatu-
ra, essendo meno lavorabile di quella calcarea che ancora
oggi, con il suo colore chiaro, costituisce l'aspetto più diffuso
dell'edilizia di Terra Santa. Lo sviluppo della tecnica difensiva
era una reazione a quello delle capacità ossidionali del nemico islamico: alla capacità di assediare, sempre meno coltivata
e aggiornata almeno dalla metà del secolo, si era sostituita
quella di difendersi, ormai più decisiva, tanto che le ultime
macchine da guerra finirono con l'essere anch'esse utilizzate
a scopo difensivo, su piazzole appositamente ricavate tra le
mura e le torri dei castelli più grandi. Le accresciute dimensioni dei blocchi di pietra delle cortine murarie e delle torri
corrispondevano alla nuova tattica difensiva: per i serventi
delle catapulte e i minatori in azione nei passaggi sotterranei
sarebbe stato più difficile neutralizzare difese così massicce.
Non sorprende constatare che nel corso degli ultimi decenni
della presenza crociata, svariati castelli si arresero per esaurimento delle scorte alimentari o assottigliamento progressivo
delle guarnigioni fiaccate da fame, ferite e malattie, ma non
per un assalto nemico.

La costruzione di un castello doveva privilegiare la posizione dominante del sito e la disponibilità delle sorgenti, e
ciò spiega l'abitudine di erigere le costruzioni sempre negli
stessi luoghi, con la conseguenza che il castello più recente
si sommava a una stratificazione archeologica; per effetto di
quest'ultima, sotto le rovine crociate deve spesso presumersi

la presenza di resti arabi, bizantini e poi – risalendo ulteriormente nel tempo – romani, ellenistici o di epoche precedenti, mentre sui resti crociati si possono trovare i segni delle occupazioni posteriori, ossia quelle delle varie dominazioni islamiche successive alla ritirata latina, fino agli interventi di età ottomana. Questo avvicendamento di livelli archeologici, fatto anche di rioccupazioni, riparazioni, miglioramenti, aggiornamenti, demolizioni sotto i colpi nemici ma anche per effetto di clausole di tregua o di resa, seguite non di rado da ricostruzioni più o meno estese, diede origine a un proverbio che troviamo in una cronaca francese del Duecento: «Un castello abbattuto è già ricostruito a metà»; è il caso di Ibelin, eretto con parti sottratte alle rovine di altre fortificazioni, mentre Guglielmo di Tiro, cronista ufficiale del regno crociato nel XII secolo, ci descrive la tecnica del riutilizzo di materiali prelevati dai vecchi edifici per il continuo lavoro di ricostruzione e rifortificazione. Il proverbio dei castelli parzialmente ricostruiti in quanto prima parzialmente distrutti trova attuazione anche presso i vincitori dei crociati: le possenti rocche oltre il Giordano, l'insanguinata Safed in Galilea e il superbo Crac des Chevaliers, dopo il passaggio ai nuovi padroni divennero importanti nuclei dei nuovi poteri ayyubidi e mamelucchi i quali non sempre completavano la demolizione avviata durante gli assedi e preferivano in certi casi riparare e riutilizzare; anche il castello degli ospitalieri di Margat, arresosi nel 1285, fu graziato dal sultano d'Egitto Qalawun il quale sapeva bene che una conquista d'assalto avrebbe causato costosi lavori per rimetterlo in sesto. Non si disdegnava nemmeno il riutilizzo dei resti antichi: particolarmente apprezzate erano le colonne romane di granito, visibili soprattutto nelle difese del porto di Cesarea, inserite orizzontalmente nelle mura esterne alle quali assicuravano ulteriore resistenza e disposte mediante malta o pietre più piccole all'interno delle pareti vere e proprie. Efficace anche il muro "a sacco", costituito da due pareti parallele al cui interno veniva rovesciata una massa di frammenti di ceramica, pietre, terra e altro materiale che, una volta compattatosi, dava origine a un blocco durissimo ma anche elastico, in grado di assorbire le violente vibrazioni trasmesse dalle pietre delle catapulte o dal cozzo degli arieti. Questa capacità di assorbimento era spesso attuata anche dalla parte leggermente convessa dei blocchi di pietra, appositamente lasciata sporgere dalla superficie della medesima dopo l'estrazione dalla cava; ciò tuttavia implicava il rischio di offrire appigli ai nemici impegnati nella scalata delle mura.

I castelli crociati sono normalmente di due tipi: "concentrici" (un'idea europea), ossia con un massiccio elemento centrale, il primo a essere costruito per essere poi integrato da fortificazioni aggiuntive e mura, sia poligonali sia curvilinee e con massicce torri sporgenti sul fossato (soluzione scontata in Medio Oriente dove il legno scarseggiava e la pietra abbondava); e "a sperone", vale a dire edifici adattati a un rilievo allungato su una collina in posizione dominante, come a Safed o a Montfort. Il primo sistema, escogitato dopo le prime capitolazioni e attestato soprattutto a partire dagli anni Sessanta del XII secolo, essendo attuabile con maggiori quantità di materiali edilizi era più costoso ma permetteva di tenere il nemico più lontano mediante l'aumento delle linee di difesa e si prestava meglio alle sortite della guarnigione come anche a ostacolare lo scavo di tunnel sotto le mura;

per contro, la pianta a sperone sfruttava meglio le difese naturali, quasi sempre rocciose, necessariamente però meno efficaci nel punto in cui lo sperone fortificato si saldava alla collina maggiore, consentendo agli attaccanti di avvicinarsi all'edificio anche con macchine d'assedio che nel corso del XIII secolo diventarono più efficienti (soprattutto dopo che gli allievi musulmani ebbero superato i maestri cristiani). Il castello a sperone, inoltre, esponeva l'intero edificio al tiro degli infallibili arcieri orientali, insidia che invece la doppia cinta muraria neutralizzava, come per esempio a Safed. Il perfezionamento delle tecniche d'assedio suggerì in qualche caso l'adozione del *talus* o "scarpa": una sporgenza in muratura, copiata dai castelli bizantini, avente lo scopo di opporre un ostacolo avanzato alla collocazione delle varie macchine d'assedio. Essa, con le proprie fondamenta sotterranee, doveva inoltre bloccare l'avanzata dei genieri che scavavano per passare sotto le mura. Altro espediente per ostacolare la penetrazione degli assedianti era l'orientamento angolato delle mura in prossimità delle porte principali, dove l'attaccante eventualmente entrato era costretto a svoltare a sinistra esponendo al tiro dei difensori il lato destro del corpo, ossia quello non protetto dallo scudo (un'idea che trova applicazioni anche nell'architettura classica e sfruttata pure nel mondo islamico); la stessa porta, almeno quella principale, secondo l'uso orientale era normalmente ricavata all'interno di una torre, come per esempio si può vedere sui sigilli che mostrano l'aspetto originario del complesso fortificato a guardia di Gerusalemme, la Torre di Davide. All'edificio oltre il fossato e alle sezioni più interne si accedeva spesso mediante scale spostabili e ponticelli di legno, che in caso di attacco improvviso era facile rimuovere o distruggere, per poi ricostruirli in tempi più tranquilli se il castello nel frattempo non era caduto. La difesa delle porte urbane era una questione delicata: nel 1157, durante l'attacco a Banyas in Galilea scatenato da Nur ed-Din signore di Damasco, i cristiani usciti per una sortita e poi ritiratisi non fecero in tempo a chiudere alle proprie spalle le porte della città, e solo un disperato ripiegamento verso la rocca raddrizzò la situazione.

Tra il 1099 e il 1100 i primi messaggi dalla Terra Santa conquistata non contenevano soltanto celebrazioni trionfalistiche: se non fossero arrivati rinforzi, i Luoghi Santi sarebbero rapidamente tornati in mano islamica. In effetti il successo della crociata era stato, per chi non si fidava troppo delle voci di aiuti miracolosi che l'avevano accompagnata, abbastanza casuale e privo di una vera pianificazione: nel 1095 papa Urbano II aveva proclamato l'impresa senza occuparsi del governo dei territori eventualmente conquistati e lo scopo di tutta l'avventura era rimasto incerto fra un generico aiuto all'imperatore di Bisanzio Alessio I e il desiderio di liberarsi della turbolenta e brigantesca cavalleria occidentale, insieme a un massiccio eccesso di bocche inutili dopo una grave carestia (le cronache ci parlano non solo di segni celesti che indicavano la via dell'Oriente, ma anche di una malaugurata serie di pessimi raccolti negli ultimi anni dell'XI secolo); la collaborazione con i bizantini era stata pessima, e questo aveva annullato le intese che avevano promesso all'imperatore orientale il dominio dei territori tolti all'islam; lo stesso Pontefice era morto senza nemmeno sapere della conquista di Gerusalemme. I principati musulmani avevano sottovalutato il pericolo che si avvicinava da Occidente, credendo che le armate cristiane fossero paragonabili alle bande di Pietro l'Eremita, facilmente disperse nell'attuale Turchia, e poi scambiando l'attacco della crociata vera e propria per una risorsa da sfruttare nelle proprie lotte interne. Ma anche i vincitori avevano seri problemi: l'avanzata vittoriosa dell'armata della croce aveva imposto di lasciare lungo il cammino guarnigioni incaricate di custodire città, castelli e vie di comunicazione, impoverendo progressivamente l'esercito. La stessa Città Santa era praticamente indifendibile davanti a un islam che pur subendo l'attacco iniziò relativamente presto la propria controffensiva e che avrebbe costantemente disposto di riserve demografiche illimitate e basi logistiche quasi sempre irraggiungibili per i cristiani. Ecco perché quando, nel 1187, Saladino azzerò la potenza militare cristiana ad Hattin, una serie di castelli e città – compresa Gerusalemme – caddero nelle sue mani come mele mature e il regno si ridusse a una striscia costiera con il solo mare alle spalle, da cui gli ultimi difensori della Terra Santa latina videro le vele delle flotte di soccorso subito allestite in Europa: i normanni di Guglielmo II d'Altavilla, i francesi e gli inglesi di Filippo II Augusto e Riccardo Cuor di Leone, non ultimi gli italiani delle repubbliche marinare e anche di Firenze e Verona. Ma la lezione era stata appresa, e i castelli dei decenni successivi avrebbero tentato di compensare l'esiguità numerica delle truppe con mura sempre più spesse.

Goffredo di Buglione, non volendo cingere una corona dove Cristo era stato incoronato di spine, aveva assunto il 22 luglio 1099 il titolo di "avvocato del Santo Sepolcro" ma prima di lui Roberto duca di Normandia aveva respinto qualsiasi titolo preferendo tornare in Occidente, al pari degli altri comandanti dell'impresa e dei loro ormai esigui contingenti; Baldovino fratello di Goffredo aveva preso il suo posto nel 1100 e aveva accettato la corona, ma ancora prima della cerimonia celebrata a Betlemme dovette iniziare una serie di corse lungo tutti i confini del giovane e fragile regno, esposto al furore vendicativo di un islam egiziano e siriano che non avrebbe dimenticato la carneficina scatenata dai miscredenti giunti da Occidente.

Fu così che pochi anni dopo la presa di Gerusalemme cominciarono a operare dei cavalieri i quali, dopo aver deciso (o constatato) di non avere più un futuro nelle terre europee d'origine, iniziarono a battersi per mantenere la sicurezza lungo la via che da Giaffa, il porto mediterraneo più vicino, conduceva alla Città Santa. Erano i templari, la cui prima sede ufficiale fu la moschea al-Aqsa sulla spianata orientale, dopo essere stati inizialmente collegati alla Cupola della Roccia, che dopo la conquista del 1099 era stata trasformata in chiesa agostiniana (ma qualcuno li ha associati al nuovo Tempio cristiano che era la basilica della Resurrezione). Talmente poveri da vivere con gli avanzi del guardaroba e della mensa delle istituzioni ecclesiastiche locali, questi volontari si erano posti alle dipendenze del nuovo patriarcato latino fondato dai crociati e, sotto la guida di Ugo di Payns e Goffredo di St. Omer, avevano progressivamente assunto una condotta di vita simile a quella dei monaci, sebbene la definizione di "monaci-cavalieri" non sia mai stata usata: il Medioevo non amava le categorie ibride e si raccomandava di stare nella Chiesa con abito e relativi voti oppure di essere cristiani laici, senza avere solo "qualcosa" della vita ecclesiastica. Intorno al 1128, però, san Bernardo abate di Chiaravalle, adattatosi con

Sigillo templare. L'uso di un unico cavallo da parte di due templari indicava forse l'iniziale penuria di risorse dell'Ordine, oppure la solidarietà fraterna che doveva unire i suoi membri.

riluttanza a tessere l'elogio di questa insolita e presto contestata figura istituzionale che molti avevano iniziato a criticare per la sua stranezza, arrivò ad ammettere che la devozione di mitezza e l'ardore di fede erano stati prelevati dal mondo monastico, lo spirito guerriero dal mondo dei cavalieri ma nulla più. Nemmeno a lui, infatti, queste novità piacevano, ma occorreva una forza militare organizzata e disciplinata, non una nuova banda di saccheggiatori come troppo spesso i crociati erano stati e sarebbero stati anche in seguito; ecco allora che in quello stesso anno il concilio di Troyes riconobbe la legittimità della nuova istituzione, la quale ricevette una Regola e iniziò la redazione di un *corpus* di norme che ne stabilivano il carattere prevalentemente militare e quasi per niente monastico, con conseguente scorno del patriarcato di Gerusalemme che invano avrebbe insistito anche nei decenni successivi nel rivendicare il controllo sull'Ordine, diventato progressivamente una potenza semi-indipendente. Quest'ultimo fat-

tore non fu, all'inizio, determinante come si sarebbe dimo-
strato nel XIII secolo: infatti il re di Gerusalemme Amalrico
I (1162-1174) poté far impiccare dodici templari dimostratisi
poco zelanti nella difesa di una fortificazione, senza provocare rivolte da parte del pur geloso Ordine. Va comunque
chiarito che i castelli templari, e più in generale degli Ordini
monastico-cavallereschi, non ebbero che una specificità: la
disponibilità di risorse necessarie per la manutenzione e il
rifornimento di grandi opere fortificate, insieme – come era
inevitabile, visto che si trattava comunque di organizzazioni
ecclesiastiche – a una maggiore cura per la chiesa interna al
castello, generalmente più vasta. I costi erano elevati anche in
fatto di reclutamento delle guarnigioni, comunemente costituite da confraternite e mercenari orientali fra i quali gli
stessi cavalieri dei vari Ordini erano una minoranza, costretta
ad appoggiarsi a questi alleati sospettati talvolta di lavorare per
il nemico assediante e pronto a seminare la discordia tra i difensori, servendosi di promesse e doni. Inoltre, in casi come il
"Guado di Giacobbe" e Safed, andava protetto con truppe lo
stesso cantiere, situato in posizione assai avanzata ed esposto
all'azione nemica: un costo progressivamente diventato troppo gravoso per le finanze dei vassalli locali e dello stesso re di
Gerusalemme. I castelli dei templari o degli ospitalieri appaiono insomma migliori non per virtù di chi li aveva costruiti
(spesso dopo averli ereditati da baroni locali non più in grado
di mantenerli e difenderli), bensì per la capacità finanziaria di
aggiornare le difese secondo le esigenze di una guerra medievale che ebbe una propria evoluzione tecnologica, soprattutto in materia di assedi. Non è casuale che l'avvento degli
Ordini monastico-cavallereschi coincidesse con la diffusione

delle torri rotonde, inizialmente un'anomalia per gli architetti occidentali, e con la progressiva rinuncia – salvo eccezioni, come per esempio il *Castrum Peregrinorum* templare ad Athlit – a quelle quadrangolari: le forme tonde, infatti, facilitavano la deviazione dei proiettili di pietra, oltre a non lasciare angoli ciechi (scomodi per arcieri e balestrieri); richiedevano maestranze più abili e un lavoro più lungo e costoso, imposto dalla curvatura dei blocchi, ma valeva la pena di rendere i castelli più capaci di resistere: non di rado veniva infatti negata la clemenza da parte del vincitore, e persino Saladino talvolta veniva meno alla propria proverbiale lealtà cavalleresca. Inoltre, l'assenza di pietre angolari ostacolava la rimozione dei blocchi durante i tentativi di demolizione da parte dei minatori avversari. In caso di opzione per le forme squadrate, si poteva compensare la relativa vulnerabilità accentuando le dimensioni delle pietre e dei fabbricati: testimoni come Giacomo di Vitry manifestano la propria meraviglia per la possanza (anche nel costo) di edifici come il castello di Athlit. Si trattava insomma di costruire grazie a tecniche particolari e aggiornate, ma anche di sviluppare il volume delle costruzioni, erigendo mura più spesse e torri più alte, incombenti su fossati più profondi, e perfezionando ciò che era già stato inventato, oltre a mantenere adeguate riserve di uomini, cibo e materiali da guerra d'ogni genere; tutte queste risorse avevano poi bisogno di spazi adeguati, a parte le esigenze delle popolazioni che il castello accoglieva in caso di invasione nemica. Ma se i cavalieri degli Ordini ispirati al monachesimo sapevano poco della vita del chiostro, dovevano pur sempre vivere secondo una Regola monastica, almeno in tempo di pace; quindi i loro castelli più grandi sono riconoscibili per una maggiore presenza di spazi destinati ai servizi divini e alla vita comune (sale capitolari, dormitori e refettori), ambienti dei quali logicamente troviamo tracce anche negli edifici non strettamente militari degli Ordini, come per esempio il Palazzo degli ospitalieri in Acri. Anche le cappelle, che non potevano mancare in nessuna fortificazione cristiana che non fosse una semplice torre d'avvistamento, erano più grandi e più curate nei castelli degli Ordini monastico-cavallereschi, come sarà stato nel caso dell'*oratorium* della munitissima Athlit, dove però non mancavano «palazzi e numerose residenze», come riferisce un testimone. Per il resto, i castelli gradatamente acquisiti dagli Ordini erano spesso fondazioni d'altra origine, che i nuovi proprietari ingrandirono e rafforzarono secondo le tecniche del proprio tempo e adattandosi al terreno; non si può dunque parlare di una loro specificità architettonica. Quest'ultima, dove appare, è da considerare in realtà un adattamento ai tempi (mura meno sottili e costruzioni più massicce, in vista di assedi più lunghi) più che allo "stile" particolare di un Ordine.

La prima esigenza a cui la nuova cavalleria del Tempio dovette dedicarsi fu l'istituzione di una serie di luoghi fortificati dai quali inviare pattuglie e distaccamenti incaricati di difendere la via che dal porto di Giaffa, il più vicino a Gerusalemme, conduceva alla Città Santa pellegrini, rinforzi e rifornimenti: un percorso insidiosissimo, come annotato già dal pellegrino inglese Saewulfo pochi anni dopo l'arrivo dei crociati; progressivamente furono aggiunte altre "vie della fede" come per esempio quella che raggiungeva il Giordano, al confine degli Stati latini con l'insidioso, poco conosciuto e soprattutto ostile Oriente. Era però destino che gli Ordini militari allargassero la propria influenza nelle regioni coltivate più o meno lontane dalle città, una risorsa strategica per l'alimentazione del regno che solo strutture militari efficienti e stabili potevano tutelare: le campagne nutrivano i castelli e gli altri insediamenti, i castelli difendevano le campagne e ormai solo templari, ospitalieri e teutonici potevano fornire guarnigioni adeguate (1700 nella templare Safed, solo un quarto dei quali era costituito da effettivi combattenti). Per l'elevata qualità delle cure mediche fornite dall'Ordine ospitaliero e da quello teutonico che da esso aveva preso la vocazione assistenziale, inoltre, era irrinunciabile la difesa della produzione di zucchero. Era anche abbastanza frequente che un territorio sorvegliato dalla guarnigione di un castello, almeno nei primi tempi, fosse relativamente sicuro e quindi in grado di far affluire i coloni che avrebbero creato nuovi insediamenti. I castelli templari, come quelli ospitalieri, furono spesso il risultato dell'acquisizione di edifici precedentemente appartenuti alle aristocrazie locali e divenuti per queste ultime troppo costosi nella manutenzione e nella difesa: per esempio il primo Ordine acquisì Safed, il secondo Margat, Belvoir e il celebre Crac des Chevaliers, e nel 1166 Thoros re d'Armenia notò stupefatto che in tutto il regno il sovrano crociato aveva solo tre castelli mentre i due principali Ordini possedevano tutti gli altri. L'affermazione è esagerata ma fa cogliere il sostanziale monopolio templare-ospitaliero nella creazione e nella gestione di difese passive, troppo costose per amministrazioni diverse da quelle dei monaci-cavalieri; tale soluzione, inoltre, sottraeva le fortezze alle devastanti lotte di potere che facevano vacillare il regno, dal momento che alla difesa dei castelli sovrintendevano le gerarchie degli

Ordini, per esempio il maresciallo templare il quale nomina-
va i comandanti delle singole fortificazioni, in questo modo
non più condizionate dagli intrighi delle aristocrazie. Quanto agli ospitalieri, il troppo bellicoso maestro Gilberto d'Assailly aspirava sia a invadere l'Egitto sia a garantire al proprio
Ordine l'assegnazione di varie rocche. Non sembra tuttavia
essere mai stata applicata la norma che nel 1183 avrebbe affidato a templari e ospitalieri tutti i castelli, a meno che non si
trattasse di un affidamento temporaneo mentre era in corso
la delicatissima transizione fra il re Baldovino IV, debilitato
dalla lebbra, e la commissione di baroni e sovrani europei a
cui era stata affidata la scelta del nuovo sovrano. Il reggente
designato dai baroni del regno per governare la transizione,
Raimondo III conte di Tripoli, non voleva essere accusato di
esercitare un potere eccessivo e preferì che i castelli fossero
assegnati ai due principali Ordini militari, un provvedimen-
to rimasto comunque inapplicato. Solo quattro anni dopo,
tuttavia, la penuria di uomini mostrò tutta la debolezza del
quadro generale; nella primavera del 1187 il maestro templare Gerardo di Ridefort, avido di gloria e pronto a dare del
codardo a chi disapprovava il suo ardore di cavaliere, con-
vocò avventatamente tutti i templari disponibili nell'area per
un'azione contro la cavalleria di Saladino penetrata in Galilea: i templari furono sterminati (insieme a un contingente
di cavalieri dell'Ospedale e d'altra provenienza) e Gerardo
fuggì mentre i compagni da lui precedentemente accusati di
codardia si sacrificavano, perfino guadagnandosi il rispetto
degli avversari. Cominciava così la terrificante offensiva musulmana che avrebbe restituito Gerusalemme all'islam insieme a molti altri centri abitati e castelli, oltre a imporre per

gli anni a venire una strategia dell'incastellamento diversa e basata preferibilmente sulla difesa passiva: il castello, più che alimentare puntate offensive, d'ora in avanti avrebbe funzionato come rifugio e base per piccoli attacchi locali, e per questo sarebbe stato dotato di protezioni murarie più massicce e altre risorse (magazzini e cisterne d'acqua più capienti, rafforzamenti antimina) in grado di farlo resistere ad assedi di molti mesi, per la crescente impossibilità di essere raggiunti da colonne di soccorso (nel castello ospitaliero di Margat le scorte avrebbero dovuto garantire una difesa di cinque anni, e bastò il suo possente aspetto per far rinunciare Saladino a cingerlo d'assedio). Restava invariato l'incastellamento da attuare per il controllo delle risorse agricole, specialmente in Galilea dove clima, acqua e suoli consentivano una produzione che nelle regioni più desertiche dell'Est e del Sud del regno non raggiungeva livelli paragonabili: il castello templare, ospitaliero o teutonico serviva anche per difendere i *casalia*, ossia le unità produttive locali nelle quali lavoravano masse di contadini musulmani, mentre i loro correligionari prigionieri erano più spesso presenti nelle celle dei castelli dove fornivano manodopera per riparazioni e manutenzioni. Se i prigionieri non potevano logicamente muoversi, i loro correligionari dei vari contadi costituivano un dilemma: sebbene infatti alcuni dottori della loro religione avessero invitato a non servire sotto gli infedeli, vale a dire i cristiani, i contadini musulmani non si trovavano eccessivamente male sotto i nuovi padroni venuti da Occidente; solo che questi ultimi, non curandosi dell'altro scopo della crociata (che per molti era la conversione delle popolazioni orientali), boicottavano la diffusione del Verbo evangelico sostenendo che gli ex-musulmani, una volta convertiti e battezzati, non sarebbero più stati riducibili in una condizione servile e di lavoratori coatti. Una situazione paradossale che disgustava il vescovo di Acri, il quale nell'attività pastorale aveva anche altri problemi pratici: per confessare i cristiani orientali, infatti, doveva usare un interprete.

# I castelli del re
# e dei suoi vassalli

## La Torre di Davide: la rocca del regno crociato

La prima fortificazione dell'Oriente crociato fu la cosiddetta "Torre di Davide". Essa fu il primo edificio militare dei crociati, in quanto occupato già in occasione della conquista di Gerusalemme nel luglio 1099; e i nuovi dominatori ne colsero immediatamente il valore religioso, simbolico e politico, alimentato anche dalle leggende. L'edificio, nella sua ultima versione che è quella data dagli ottomani (ultima autorità della Città Santa prima del Mandato britannico finito nel 1948 e dell'attuale Stato d'Israele nato nello stesso anno), sorge a metà delle mura occidentali di Gerusalemme su ciò che resta della fortezza fatta erigere da Erode il Grande, il cui fratello Fasaele diede il nome a una delle torri del complesso intorno al 29 a.C.; sul relativo basamento sorge il nucleo principale dell'edificio oggi visibile e visitabile, ma l'insieme presenta ancora molti segni delle successive dominazioni, compresa quella crociata. Nel I secolo d.C. Giuseppe Flavio annotava impressionato le dimensioni della torre di Fasaele (40 cubiti di lato e 90 di altezza – un cubito corrisponde a 45 cm), sopravvissuta alle devastazioni della conquista romana del 70 d.C., poi usata come basamento delle fortificazioni successive e oggi ridotta a ciò che ne hanno lasciato le demolizioni bassomedievali.

Nel corso dell'assedio del 1099 i crociati, secondo la cronaca di Guglielmo di Tiro, ebbero a che fare con delle fortificazioni con le quali erano state integrate quelle erodiane ormai millenarie; ma non meno serrato fu il dibattito fra i conquistatori e i successivi pellegrini circa la vera storia dell'edificio, da alcuni associato alla Fortezza Antonia (in real-

L'accesso della Torre di Davide a Gerusalemme in una foto del secondo Ottocento. Le successive costruzioni mamelucche e ottomane hanno ormai coperto buona parte di ciò che restava dell'edificio crociato.

tà da individuare altrove, a nord–est verso la Porta dei Leoni) e quindi alla presenza romana nella Città Santa, compreso il ruolo che vi ebbe Ponzio Pilato. Dal IV secolo si conosceva l'opinione tramandata da un commento anonimo al Cantico dei Cantici, il quale aveva attribuito al re Davide la costruzione dell'edificio togliendola all'assai meno benemerito (per i cristiani) Erode, come mostra di credere l'anonimo poeta che nella *Canzone di Gerusalemme* celebrò la conquista del 1099 descrivendo i guerrieri di Cristo schierati davanti alla Torre «fatta fare da Davide». Non semplificava le cose la menzione della Torre di Davide nel Cantico dei Cantici (4,4), menzione storicamente infondata ma derivata forse da qualche confusione fra le traduzioni della Bibbia. Durante l'epoca bizantina e anche in seguito l'area vide la proliferazione di celle monastiche, ma paradossalmente le caratteristiche sacre dell'edificio vennero sviluppate in questa fase soprattutto dai musulmani, i quali dopo la loro occupazione di Gerusalemme nel 638 tributarono il massimo rispetto alla figura di Davide, già collegata al luogo. Alla fine dell'XI secolo i nuovi padroni crociati non solo sfoltirono bruscamente le presenze monastiche greche e armene (in quanto per loro i cristiani orientali erano poco meno che eretici), ma pensarono bene di dividersi tra loro per stabilire a chi dovesse toccare quella fortificazione da cui dipendeva il controllo della città. Dopo un'iniziale esitazione davanti al presidio posto dalle autorità islamiche, i crociati avevano destato impressioni ben più profonde nel nemico scatenando sotto i suoi occhi e per le strade della Città Santa la carneficina che inorridì l'islam. Nell'edificio si erano così arroccati gli ultimi difensori di Gerusalemme, i quali avevano ottenuto dai vincitori il permesso di lasciare incolumi il complesso fortificato intatto. Goffredo di Buglione, eletto capo dell'impresa e convinto di non poter governare e difendere il regno senza il controllo della Torre, la chiese al suo conquistatore, Raimondo conte di Tolosa il quale fu costretto a cedere; ma il nuovo patriarca latino Daiberto da Pisa che, memore dell'esperienza fatta durante la lotta per le investiture e la supremazia della Chiesa, si era fatto interprete delle pretese ecclesiastiche sulla città in cui era nato il cristianesimo, tentò di farsi assegnare l'edificio e parve riuscirci premendo su Goffredo. Solo dopo la morte di quest'ultimo (1100) i crociati riuscirono a estromettere il patriarcato dalla lotta per il controllo della città e della Torre, annullando le ultime volontà di Goffredo; ciò fu ottenuto sebbene il patriarca fosse riuscito a ottenere proprio nella Torre l'effimera sottomissione di Goffredo all'autorità ecclesiastica.

La fortificazione diventò anche un punto di riferimento per la delimitazione di una parte del confine del quartiere latino e patriarcale, ma ebbe ragione il pellegrino tedesco Teodorico nel sostenere, vari anni dopo, che essa era ormai proprietà del sovrano il quale vi manteneva un suo castellano. I re di Gerusalemme, forse meno umili di Goffredo ma più pragmatici, avevano compreso che per difendere il regno non bastava la qualifica di "avvocato del Santo Sepolcro" umilmente scelta da Goffredo ma ci voleva un titolo regio vero e proprio, al vertice di uno Stato feudale solidamente strutturato e senza incertezze sull'assegnazione del vero potere; e la Torre di Davide divenne il simbolo di tale sistema. Il sovrano Baldovino II (1118-1131) spostò la reggia dalla ex-moschea al-Aqsa (il *Templum Salomonis*, tornato all'islam solo nel 1187), alla Torre; poco dopo la moschea fu assegnata ai primi templari, presumibilmente un po' più numerosi degli appena nove che erano stati all'inizio, ma ancora poveri e senza un tetto preferibilmente al di fuori del controllo esercitato dal patriarcato di Gerusalemme.

Ma la Torre restava soprattutto il baluardo della difesa della città, quale si sarebbe dimostrata nel 1177 davanti al primo tentativo islamico di riconquista; e quando a un certo punto apparve, nuova e distinta dalla Torre medesima, una vera e propria residenza del re, essa in alcune carte dell'epoca figura saggiamente posta a ridosso della fortezza. La Torre va peraltro accreditata dell'assedio che vi posero nel 1152 gli stessi cristiani, nell'ambito della piccola guerra civile tra i sostenitori della regina Melisenda e quelli di suo figlio Baldovino III.

Subito identificata, con le sue «pietre massicce e squadrate», unite mediante colate di piombo fuso, con la difesa della Città Santa e sottoposta a una vigilanza rigorosa che selezionava anche i visitatori più innocui, la Torre apparve presto integrata con fortificazioni secondarie destinate a renderne ancora più problematica la conquista; persino nella *Canzone di Gerusalemme*, poema epico del XII secolo composto per celebrare l'impresa del 1099, al comandante della guarnigione islamica viene attribuito un roboante elogio della fortezza urbana che sta per consegnare ai crociati vincitori (ma il poeta aveva forse sotto gli occhi l'edificio nella versione successiva ai primi interventi dei conquistatori). Le prime modifiche dovettero limitarsi all'aggiunta di una merlatura sommitale e all'allargamento degli spazi interni destinati a custodire le copiose scorte di armi e vettovaglie; la porta occidentale della Città Santa, sulla quale la Torre – oggi trasformata in museo – veglia ancora oggi, secondo le immagini impresse su molte monete del regno crociato e su alcune mappe dell'epoca era inglobata già allora in una più vasta struttura fortificata. L'edificio infatti dominava non solo sul settore di mura a essa contiguo ma anche sull'annessa "Porta di Davide", presso la quale si riscuoteva il dazio sulle merci introdotte in città; le porte, infatti, negli assedi medievali erano normalmente i punti più contesi delle difese cittadine, e un osservatore scrisse che «la Torre sorgeva sopra la porta». Guglielmo di Tiro ci informa che i conquistatori cristiani avevano trovato a Gerusalemme una cinta muraria urbana (approssimativamente lungo lo stesso percorso delle attuali mura ottomane del XVI secolo, che segnano il perimetro della Città Vecchia), lungo la quale a ogni porta corrispondeva una torre o almeno una postazione fortificata. Sui sigilli dei re di Gerusalemme, invece, la Torre è al centro di una fantasia architettonica che la pone fra la cupola del Santo Sepolcro e la Cupola della Roccia, la

Il sigillo dei re di Gerusalemme, nella forma più diffusa nel XII secolo. Da sinistra: il *Templum Domini* o Cupola della Roccia (adibita a chiesa durante l'occupazione crociata), la Torre di Davide (rocca della città) e il Santo Sepolcro.

quale fino alla riconquista islamica del 1187 fu provvisoriamente una chiesa. I tre edifici non sono in realtà visibili in
quella posizione, ma il committente del sigillo (il cui modello rimase in uso per decenni), ossia il re, aveva voluto che
nella stessa immagine figurassero le tre realtà che "facevano"
Gerusalemme: la tradizione biblica della monarchia sacra e il
potere militare della Torre, la cupola dell'edificio che alcuni
identificavano con il Tempio erodiano (sulla cui verticale
sorge la Cupola della Roccia) e soprattutto la basilica della
Resurrezione. Nel corso del XII secolo il pellegrino Teodorico parla di «un palazzo fortificato, ben munito di fossati
e difese aggiuntive»; un fossato è menzionato ancora alla
fine del Duecento dal pellegrino Burcardo, ma una difesa
di questo genere doveva esistere almeno dal I secolo a.C.
grazie ai lavori descritti da Giuseppe Flavio e continuati nei
secoli successivi, Medioevo compreso. Tale fossato sfruttava la forte pendenza della collina occidentale della città, di
cui le raffigurazioni ottocentesche di David Roberts danno
un'immagine quasi vertiginosa; non siamo lontani dal vero,
per quanto vada ricordato come nella visione romantica
fossero accentuate talune caratteristiche, tendenti a mostrare
una Città Santa quasi aggrappata alle rocce ed eminente sul
mare di colline della Giudea. Quanto alla Torre strettamente
intesa, l'attuale sporgenza o "scarpa" della muratura esterna
è di origine mamelucca, ossia successiva alla metà del XIII
secolo, mentre l'altezza della Torre era sviluppata ulteriormente dalle strutture sommitali sulle quali venivano accesi
i fuochi per la segnalazione. Le rappresentazioni della Torre
sui sigilli e sulle pergamene del XII secolo, in quanto assai
stilizzate, non rendono giustizia alla fortezza la quale, a un

La Torre di Davide in un acquerello di David Roberts (1839). Le suggestioni dell'esotismo romantico fanno risaltare la massiccia monumentalità dell'insieme.

anonimo cronista che fece in tempo a vedere l'ultimo aspetto datole dai crociati, parve degna del plurale "fortezze", come in fondo era opportuno trattandosi di un articolato complesso di fortificazioni che effettivamente è riduttivo chiamare "Torre", il che è evidente ancora oggi.

La tradizione che assegnava alla Torre la funzione di residenza di Davide (il quale vi avrebbe composto i Salmi), tradizione già stabilita al tempo della presenza greca, restò invariata e fu anzi corroborata sotto il segno della nuova monarchia di importazione occidentale: quale sovrano europeo, a partire almeno da Carlo Magno, non era onorato dal paragone con il re d'Israele? E non era forse vero che il regno fondato dai primi crociati era presentato come la realizzazione del piano divino attuato da Davide "*rex et propheta*", mentre già dall'epoca di Goffredo di Buglione quello da lui istituito era il "regno di Davide" secondo tanti commentatori? Anche san Bernardo, che non andò mai in Terra Santa ma sapeva bene quali corde toccare per incoraggiare gli arruolamenti fra i crociati e i templari, poté dichiarare che la conquista aveva costituito il ritorno della vera fede «nella casa di Davide», figura alla quale il re crociato di Gerusalemme era invitato ad associarsi, anche perché fu presto chiaro che la Torre, identificata con lo stesso regno dal cronista Raimondo d'Aguilers, era sua con annesso palazzo reale, costruito poco dopo; l'importanza dell'edificio fortificato diventò proverbiale quando la si vide colta persino da qualche trovatore come Peirol, indubbiamente il segno di un successo non limitato ai circoli dell'alta cultura. La Torre "era" il regno, e il castellano a cui era affidata la sua difesa dipendeva dal re, oltre a essere anche il governatore della città. Nel 1184 il patriarca di Gerusalemme e i maestri degli Ordini templare e ospitaliero partirono per l'Europa con l'incarico di sollecitare una nuova crociata, e fra i simboli che portarono con sé c'erano anche le chiavi della Torre, segno secondo alcuni di una vera e propria offerta di sovranità non solo sull'edificio o su Gerusalemme, ma anche sull'intero regno crociato.

A tanto prestigio religioso e quindi politico, concetti inseparabili nel mondo medievale, non poteva non corrispondere un'adeguata fortificazione che integrasse ciò che i crociati avevano trovato, e che del resto era destinata a costituire insieme alle mura l'unica difesa fissa di Gerusalemme contro i tentativi musulmani di riprenderla. Il più importante, prima della riconquista guidata da Saladino nel

1187, fu quello di dieci anni prima allorché la terrificante avanzata dall'Egitto, fermata solo dalla miracolosa vittoria presso Ramla, fece fuggire tutta la popolazione urbana nella Torre; la cui funzione non poté che essere apprezzata dallo stesso Saladino quando finalmente poté mettervi piede da vincitore. L'unica modifica da lui decretata fu l'apertura di un luogo di culto musulmano nell'edificio, e anche i successori del sultano ebbero relativo rispetto per la Torre; questa nel 1218-1219 fu smantellata (ma solo in parte) e dieci anni dopo poté essere nuovamente impiegata come bastione difensivo grazie alla rifortificazione della Città Santa, dopo che la tregua stipulata dall'imperatore Federico II di Svevia con il nuovo sultano d'Egitto al-Kamil ebbe provvisoriamente restituito i principali Luoghi Santi alla cristianità. Ma il sovrano svevo, attentissimo curatore della propria immagine quale strumento della propaganda imperiale, aveva fiuto per il significato simbolico dell'edificio: egli infatti, pur essendo stato scomunicato dal Papa, era più che mai convinto che il proprio arrivo a Gerusalemme costituisse l'affermazione dell'ideale dell'impero universale. Ogni re medievale si doveva sentire un poco Davide, il sovrano benedetto dal Signore, magari nel caso di Federico senza accentuare l'aspetto di sottomissione al potere spirituale: cosa da lui aborrita, tanto da far malmenare per le strade di Gerusalemme i francescani e i domenicani nei quali egli vedeva i più devoti servitori dell'odiato Pontefice. Quindi Federico non poteva permettersi di trascurare il significato della Torre di Davide in varie profezie, le quali la associavano al trionfo dell'impero sulla tomba di Colui che era il Re dell'universo e della storia umana. Ma di lì a poco il sovrano dovette abbandonare l'Oriente senza avere concluso molto; nel 1239 le profezie filoimperiali non difesero Gerusalemme dalla riconquista musulmana e dalle ulteriori demolizioni, alle quali però furono sottratti alcuni elementi precedentemente eretti sulla torre di Fasaele, ossia il nucleo principale della Torre. Persino i nuovi occupanti islamici, nel corso del parziale smantellamento, ebbero modo di ammirare la saldezza dell'edificio le cui pietre erano state congiunte tra loro anche mediante sbarre di ferro. Ciò che restava della fortezza urbana subì modifiche secondarie sotto le ultime dinastie musulmane (mamelucchi e ottomani).

## Rinaldo di Châtillon, crociato a oltranza dell'Oltregiordano

I fertilissimi territori oltre il Giordano furono strutturati, sin dall'inizio del XII secolo, in un sistema difensivo scrupolosamente controllato dal re di Gerusalemme; era stato infatti compreso immediatamente che essi avrebbero avuto importanza strategica sia nella difesa orientale del regno sia in vista di eventuali proiezioni offensive, a parte la loro funzione di grandi produttori di derrate agricole. Nel 1100 Baldovino, fratello di Goffredo di Buglione e primo re di Gerusalemme, tornò da una ricognizione verso il mar Rosso con le idee chiare sulle prospettive di quel territorio, snodo dei commerci fra l'Arabia e l'Oriente più remoto (ceramiche cinesi sono state trovate ad Aqaba, il porto sul mar Rosso dove i crociati tennero fino al 1170 un presidio e che costituì il limite meridionale del loro dominio).

I principali castelli oltre il Giordano sono Shawbak (nome crociato: Montréal, da *Mons Regalis*, "Montagna del re"), Moab (a una giornata di marcia) e Wu'ayra (Val Moysi) insieme ad Habis nella valle di Petra; essi sorgono tutti nell'attuale Giordania. Fra le rocche minori va segnalata quella che all'inizio del XII secolo fu probabilmente eretta sull'isola dei Faraoni (o di Graye) per il controllo del golfo di Aqaba; quella che vi sorge oggi è una fortificazione islamica di epoca successiva, ma il luogo fu per decenni conteso fra cristiani e musulmani, ciascuno usando – secondo la prassi – le difese dell'occupante precedente, il quale una volta subentrato riparava i danni e riadattava le strutture fatte erigere dall'avversario. Thomas Lawrence, il celebre "Lawrence d'Arabia" che avrebbe guidato la rivolta contro i turchi durante la prima guerra mondiale, all'inizio della propria carriera era uno studioso di castelli crociati e visitò l'isola dopo aver attraversato il breve braccio di mare con l'ausilio di galleggianti costituiti da taniche di alluminio; altri studiosi, stavolta francesi, percorsero lo stesso tragitto usando come zattera una massiccia porta di legno. Era l'archeologia orientalista di una volta, pionieristica e anche un poco spericolata.

Shawbak è una costruzione concentrica, basata sullo schema del "castello dentro un castello" in quanto dotata di doppia cinta muraria (tre metri di spessore); con il passare del tempo si creò un insediamento con piccoli stabilimenti per la lavorazione dello zucchero e dei cereali di cui la regione, ricca anche di uliveti e frutteti, era generosa fornitrice sin dai tempi biblici. L'edificio fortificato vero e proprio fu eretto in pochissimo tempo nel 1115: l'anno seguente era già operativo, a beneficio delle colonne di combattenti che su di esso basavano la proprie esplorazioni e incursioni in territorio nemico. La sua pianta fu adattata alla tozza collina sulla quale ancora oggi ne sorgono gli interessanti resti. Ciò che se ne vede attualmente corrisponde alla risistemazione degli ayyubidi (ossia la dinastia di Saladino e dei suoi discendenti) e soprattutto dei mamelucchi, affermatisi nella regione a partire dal 1250, e quindi esso costituisce un laboratorio archeologico dove le varie epoche sono rappresentate in una sequenza di diversi livelli di scavo. Le torri sporgenti rispetto alle mura avevano lo scopo di rendere più efficace il tiro di pietre e dardi sugli assedianti. Ancora più interessante sotto questo aspetto il più settentrionale castello del Kerak di Moab, fondato nel 1142 su un sito fortificato già vari secoli prima, come indica anche il mosaico di Madaba del VI secolo d.C. (ma si può risalire a epoche veterotestamentarie). Questa rocca, con la quale fu completato l'incastellamento dell'Oltregiordano, appartiene alla categoria delle fortificazioni "a sperone" essendo stata fatta costruire dal barone Pagano le Bouteiller su un promontorio di roccia parzialmente già occupato dal borgo di Kerak. Quest'ultimo fu separato dal castello da un fossato scavato nella roccia negli anni

Kerak nella Mappa di Madaba (Giordania). Questo mosaico bizantino, risalente al VI secolo e scoperto nel 1884 nella chiesa di S. Giorgio a Madaba, è la più antica raffigurazione della Terra Santa; ma il sito era occupato almeno dal II millennio a.C.

seguenti e largo circa trenta metri, che nel XII secolo era scavalcato da un ponte di legno; durante l'ennesimo assedio posto da Saladino nel 1184, i materiali scaricati dagli attaccanti nel fossato – per colmarlo – permisero a un loro correligionario, prigioniero nel castello, di gettarsi nel fossato stesso e di fuggire, sebbene dalle mura i difensori gli tirassero tutto quello che avevano. L'aspetto attuale è sostanzialmente quello rimasto dopo i lavori ordinati nella seconda metà del XIII secolo dal sultano mamelucco Baybars, la cui opera edilizia (in particolare il massiccio torrione meridionale, difeso da una quantità inedita di feritoie per arcieri, e il perfezionamento del fossato) ha coperto pressoché tutta quella di Saladino e degli altri sovrani ayyubidi, le quali a propria volta erano state sovrapposte a quella crociata; ma anche se il rifacimento mamelucco è stato poco meno che radicale, esso ha lasciato a Kerak una struttura che permette di esaminare un castello nella sua evoluzione, e rispetto ad altri edifici militari dell'Oriente latino il lavoro dei crociati è sopravvissuto in proporzioni significative a partire dalla pianta generale, dall'impiego di ottime pietre basaltiche e dalle massicce torri poligonali. Ciò costituisce un riconoscimento da parte nemica della qualità dell'opera prodotta dall'avversario oltre un secolo prima.

I due maggiori castelli dell'Oltregiordano sono talvolta confusi tra loro nelle fonti, in quanto entrambi appaiono spesso denominati *Kerak* o *Krak*, ossia "fortezza" (si ricordi anche il Crac des Chevaliers in Siria). Inoltre i due castelli, con borghi annessi, si contendono l'onore di essere il capoluogo del feudo crociato meridionale, sentinella sul mar Rosso e sulle vie carovaniere fra Egitto, Siria, La Mecca e

Medina: se infatti il letterato inglese Pietro di Blois verso la fine del XII secolo chiama «signore di Montréal» Rinaldo di Châtillon, che fu il maggiore (e il peggiore) dei vassalli di quel territorio e che per l'appunto a Montréal risiedeva quando non saccheggiava i dintorni, il sito di Moab ebbe maggiore prestigio ecclesiastico in quanto l'arcivescovo latino che vi fu insediato nel 1168 era considerato il titolare dell'antica cattedra di *Petra deserti*; inoltre, a Moab nel 1183 si tenne la cerimonia nuziale che sanciva la creazione della nuova, ma anche effimera nonché ultima coppia dei signori dell'Oltregiordano, ossia Unfredo IV di Toron e Isabella di Courtenay. Va anche detto che Moab era dotato di strutture residenziali meno comode rispetto a Montréal ma si adattava meglio alla vocazione offensiva del vasto feudo, da dove lo scatenato Rinaldo di Châtillon poteva puntare più agevolmente verso La Mecca e Medina.

Nella vicina valle di Petra sorgono invece, accanto a quelli di alcune fortificazioni minori, i ruderi dei castelli di Wu'ayra (Val Moysi) e Habis. Il primo, eretto sotto il re Baldovino II (1118-1131) ma menzionato per la prima volta solo nel 1144, ha pianta approssimativamente trapezoidale, conserva i resti delle torri collocate lungo le mura e sfrutta i precipizi rocciosi di cui la zona è ricca, in modo da integrare i resti di una precedente fortificazione araba: non solo, dunque, un castello poteva utilizzare quello precedente ma grazie alla natura rocciosa di quasi tutti i siti gli architetti trovavano già fatta buona parte del lavoro. Nel 1144 Wu'ayra cadde temporaneamente in mano islamica e il nuovo re Baldovino III dovette assediarlo oltre a devastare – anche a scopo intimidatorio – le coltivazioni dei dintorni; nel 1158 il castello resistette invece a un assedio musulmano. Poco lontano sorge l'altro nucleo difensivo, Habis: aggrappato alla cima di una delle colline rocciose della valle di Petra, i cui resti antichi non paiono avere destato particolare curiosità nei crociati i quali preferivano prelevarne materiali per le proprie costruzioni, questo castello è ridotto a poca cosa ma le sue rovine restano ancora oggi molto suggestive, soprattutto per la posizione. Sono visibili i resti della cinta muraria, ma sicuramente le strutture interne del colossale blocco di roccia costituente il basamento davano alla costruzione l'aspetto di un vero castello rupestre, nel quale si arroccarono gli ultimi difensori della regione, man mano che le altre fortezze capitolavano nel 1188-1189.

L'importanza dei territori oltre il Giordano fu colta assai presto dai crociati, il cui re Baldovino I ne studiò accuratamente i luoghi ancora prima di essere incoronato re di Gerusalemme; dal suo nuovo castello di Montréal si controllavano non solo le piste che dalle regioni interne dell'Arabia avrebbero un giorno condotto gli eserciti musulmani nei propri tentativi di riconquista di Gerusalemme, ma anche le vie carovaniere tra Egitto e Siria, compreso lo snodo verso sud-est che permetteva di dirigersi a La Mecca e a Medina, le prime due città sante dell'islam. Il feudo, considerato una fascia confinaria per affrontare le razzie di *praedones et latrones* provenienti dall'Arabia, era considerato una zona–cuscinetto per bloccare le controffensive islamiche ma anche un'area strategica per gli scambi commerciali; esso, secondo una carta del 1161, si estendeva dal territorio a nord di Amman, attuale capitale della Giordania, fino al porto di Aqaba sul mar Rosso; comprendeva anche Hebron, sede delle Tombe dei Patriarchi che proprio dai crociati furono individuate. Le carovane tra l'Egitto e la Siria lo percorrevano previo pagamento di pedaggi regolarmente riscossi anche in tempo di guerra come fa notare, non si comprende bene se con dispetto di credente o con compiacimento di uomo attento agli affari, il viaggiatore arabo Ibn Jubair. Sale dal mar Morto, cereali, zucchero e ogni altra merce convergevano nei depositi dei castelli del feudo; del resto, l'area è la stessa della magica città nabatea di Petra, i cui resti esercitano un maggiore richiamo sui visitatori odierni ma non sono i soli a testimoniare l'importanza della regione come area di insediamento e comunicazione. I castelli eretti dopo quello di Montréal erano le sentinelle di queste vie di transito, e chi voleva sottrarsi al controllo e ai pedaggi dei crociati doveva percorrere la "Via dei Re" dal Cairo a Damasco, lasciandosi sulla sinistra il mar Morto: una lunga deviazione che dilatava tempi e costi, e che indusse vari cronisti arabi a deplorare in maniera ossessiva la lentezza con la quale i sultani egiziani e siriani affrontavano la questione dei castelli dell'Oltregiordano, rimasto in mano cristiana fino al 1189. Ancora meno praticabile era la "Via del Mare" parallela alla costa mediterranea, sotto il dominio crociato; quindi alle carovane arabe partite dall'Egitto e desiderose di non incontrare cristiani che non fossero uomini d'affari non restava che scendere lungo il mar Rosso e attraversarlo verso est all'altezza di Gedda, in un settore irraggiungibile per il nemico (che comunque provò ugualmente a spingersi così a sud); oppure percorrere la penisola del Sinai tenendosi prudentemente più a sud della via tradizionale, prima di svoltare verso nord e la Siria. In effetti, i castelli dell'Oltregiordano operavano anche in funzione dinamica e aggressiva: erano una minaccia per i pellegrinaggi verso La Mecca e per i commerci terrestri in direzione del mar Rosso, la cui estremità settentrionale, il golfo e il porto di Aqaba per l'appunto, era lo scalo dei traffici con l'India e la Cina; dalla stessa località partiva un itinerario che raggiungeva il Mediterraneo all'altezza di Gaza. La fascia territoriale al di là del Giordano era dunque un confine indefinito, almeno a est, una risorsa da sfruttare per la difesa e l'attacco, frenando le aggressioni islamiche; ma non senza la prospettiva di ulteriori, ardite espansioni. La relativa rapidità delle prime conquiste crociate introdusse nella politica del nuovo regno anche dei sogni di grandezza che andavano oltre la difesa dei Luoghi Santi, come narra l'epitaffio di re Baldovino I sulla cui tomba vennero celebrati i tributi versatigli dalla fertile terra dell'Oltregiordano ma anche dalla Siria e dall'Egitto; un'altra commemorazione del re ricorda che egli sottomise i territori sulle rive del mar Rosso, e sappiamo che i primi conquistatori cristiani avevano progettato di invadere l'Egitto e occupare il Cairo, qualcosa di più di un miraggio visto che tre generazioni dopo il sogno parve realizzarsi durante l'invasione comandata da re Amalrico I. Non erano trascurate neppure le altre direzioni: si vagheggiava un'espansione fino alla Mesopotamia, come narrano i cronisti Riccardo di Cluny e Tolomeo da Lucca evidentemente poco aggiornati sui problemi connessi alla logistica e alle distanze, magari anche suggestionati da quei nomi che significavano orizzonti da scoprire, persino al di là della terra di Cristo.

Per difendere questo sistema e trasformarlo, secondo le circostanze, in una base offensiva occorrevano fortificazioni adeguate non solo nella mole ma anche nelle capacità di resistenza. Nelle due fortezze principali, Shawbak-Montréal e

Moab, si trovavano, come del resto anche in parecchi degli altri castelli crociati, ingenti scorte di armi (comprese massicce macchine da lancio) e viveri, le quali insieme all'acqua delle sorgenti locali e delle cisterne permettevano di tenere duro anche in assedi di molti mesi (a Montréal la sorgente era raggiungibile con una scala di 365 gradini all'interno della tozza collina su cui sorge l'edificio). *Munitiones fortissimas* è la definizione data da Pietro di Blois a proposito delle fortificazioni dell'Oltregiordano, e non solo perché era un ammiratore del loro signore, il guerrafondaio Rinaldo di Châtillon, di cui si fece minuziosamente descrivere l'uccisione attuata personalmente da Saladino. I due edifici erano stati inoltre costruiti sui resti di insediamenti anteriori di vari secoli alla crociata, e ancora oggi le loro mura mostrano la capacità di sfruttare le difese naturali. Al di fuori delle strutture esterne si sviluppò nel corso degli anni un suburbio destinato a essere sacrificato alla prima avanzata nemica, come dolorosamente si sarebbe sperimentato in occasione dei futuri assedi; ma le difese delle rocche avrebbero garantito alle popolazioni fuggite dalle case adiacenti relativa sicurezza sotto i colpi delle catapulte nemiche, e i castelli della regione avrebbero ceduto solo per carenze alimentari (più che altro l'esaurimento del sale) e dopo lunga resistenza. Al di là dell'insediamento si estendevano le vaste coltivazioni che gli eserciti musulmani periodicamente devastavano quando non riuscivano a portare a termine l'assedio. Quest'ultimo era una realtà con la quale si facevano i conti spesso: non solo, infatti, i sovrani islamici erano consapevoli dell'importanza della regione, ma anche semplici transiti tra Egitto e Siria come quello effettuato dall'armata di Saladino nel 1182 costituivano minacce per il vasto feudo;

azioni e reazioni si alternavano in vere e proprie partite a scacchi nel deserto fra eserciti che si intercettavano a vicenda mentre cercavano di controllare gli accessi alle sorgenti d'acqua e le piste, passando tra accampamenti e castelli dai quali uscivano pattuglie incaricate di osservare e riferire, il tutto con la collaborazione dei beduini, magnifici guerriglieri ed esploratori pronti a sposare qualsiasi causa e a tradirla secondo la convenienza del momento. I cristiani sapevano bene che il loro regno e i principati settentrionali creati con le prime crociate (Antiochia, Edessa, Tripoli) erano in perenne crisi demografica, e che solo il nemico disponeva di riserve umane inesauribili e reti logistiche vicinissime al teatro delle operazioni, senza necessità di far pervenire rinforzi e rifornimenti lungo le pericolose rotte mediterranee e le strade dei Balcani; anche le truppe giunte dai territori più lontani come lo Yemen o la Mesopotamia potevano marciare senza particolari difficoltà, appoggiandosi ai pozzi e alle sorgenti sulla cui posizione si basava il tracciato delle strade. L'esercito del re di Gerusalemme non poteva permettersi nemmeno una sconfitta campale, la quale avrebbe lasciato il regno senza forze armate e i suoi castelli senza guarnigioni; per esempio, nel 1170 fu considerato un successo il semplice ripiegamento del nemico il quale aveva rinunciato ad assediare i castelli senza essere stato sconfitto in uno scontro vero e proprio, mentre nel 1187, in seguito alla sconfitta di Hattin, Gerusalemme e altre città e castelli sarebbero caduti nelle mani di Saladino nel giro di pochi mesi, lasciando isolati e condannati i castelli oltre il Giordano. Ma la loro sorte era già stata segnata nel 1170, quando Saladino aveva iniziato a sbloccare il mar Rosso occupando il porto di Aqaba e iniziando così a minare il controllo crociato della regione; a garantire la provvisoria permanenza della medesima al di qua dei confini cristiani era il desiderio dello stesso Saladino di non permettere che, una volta ritornato musulmano l'Oltregiordano, con quest'ultimo venisse a cadere la comoda barriera fra lui e Nur ed-Din signore di Damasco, il quale andava su tutte le furie ogni volta che Saladino esitava a risalire dall'Egitto per assediare insieme a lui i castelli del territorio, oppure si ritirava poco dopo l'inizio delle operazioni. In realtà il potere del futuro "Lampo di Siria" (come lo chiama il suo devotissimo biografo Imad ed-Din) era ancora fragile, la sua posizione vista dal Cairo era quella di un usurpatore e lui stesso fu sul punto di meditare una fuga nello Yemen con tutta la propria famiglia per sottrarsi all'ostilità di vasti ambienti musulmani, allarmati dall'eccessiva velocità della sua carriera. Non va infatti dimenticato che Saladino dovette aspettare il XX secolo per diventare l'eroe dell'islam, dopo che nemmeno la riconquista di Gerusalemme l'aveva del tutto rivalutato agli occhi di molti storici, come per esempio Ibn al-Athir: quest'ultimo vedeva in lui un avventuriero che una serie di circostanze fortunate aveva posto su un trono che sarebbe spettato piuttosto ai legittimi discendenti dei sovrani arabi da lui arbitrariamente deposti. Ancora al tramonto dell'impero ottomano la sua tomba a Damasco era in stato di abbandono prima che Guglielmo II imperatore di Germania, suo visitatore nel 1898, la facesse restaurare per ingraziarsi la Turchia, islamica e sovrana di quei territori, contro gli inglesi; e il monumento equestre al sultano nella stessa città è ancora più recente, con il suo aspetto celebrativo e anche alquanto tronfio, con l'insistenza sull'umiliazione dei capi nemici sconfitti e rappresentati irrispettosamente sotto la coda del cavallo del capo musulmano. Erano invece i crociati, almeno quelli della classe cavalleresca, a parlare bene di lui: a parte infatti i periodi nei quali il furore della guerra santa scaldava gli animi delle opposte propagande, ancora prima della relativa riabilitazione effettuata da Dante e Boccaccio poeti e cronisti elogiavano nel Saladino il principe magnanimo e cavalleresco, avversario leale contro i crociati ma capace di grandissima pietà davanti ai deboli, vero credente «secondo la sua fede» e guidato da un codice morale fra i più nobili. «Se soltanto fosse cristiano», si diceva con rimpianto nelle corti e negli accampamenti dei suoi avversari; e in fondo al-Kamil, il sultano d'Egitto disposto a conversare civilmente con san Francesco nel 1219, era suo nipote.

Ma la questione dell'Oltregiordano andava affrontata, cortesie cavalleresche a parte: e nessuno, tra i crociati e fra i loro avversari, ebbe mai il minimo dubbio sull'importanza di questi castelli per il dominio della regione, delle strade che la attraversavano e quindi anche di un territorio strategico per gli equilibri del Mediterraneo orientale, alle frontiere dell'Asia più interna e dei suoi favolosi paesi e mercati. Il segretario di Saladino, al-Fadel, poteva scrivere: «Kerak e Montréal sono i due leoni, che ogni giorno divorano la nostra carne e bevono il nostro sangue»; e fu così che Saladino, dopo aver fatto ripetutamente infuriare il signore di Damasco Nur ed-Din per i pretesti addotti allo scopo di evitare la conquista dell'Oltregiordano (la quale lo avrebbe messo a contatto con una dinastia che lo considerava un carrierista), alla morte del rivale (1174) "si accorse" finalmente che quei castelli non potevano restare in mano crociata e iniziò a dare una serie di spallate alle frontiere meridionali del regno cristiano; tanto più che ormai anche Damasco era diventata sua, la Mesopotamia era stata pacificata e lui non aveva più minacce alle proprie spalle.

Fino agli anni Settanta del XII secolo i re di Gerusalemme erano riusciti con relativo successo a tenere sotto il proprio controllo i vassalli chiamati a governare e difendere il feudo dell'Oltregiordano, importantissimo anche per le sue risorse agricole; eppure, proprio questo territorio così prezioso divenne una fonte di preoccupazioni nelle mani del suo ultimo signore Rinaldo di Châtillon che lo trasformò in una signoria personale di fatto, una spina nel fianco per lo stesso regno e infine la causa nemmeno tanto indiretta della sua rovina. Rinaldo era un reduce della seconda crociata (1147-1148) che aveva deciso di restare in Terra Santa, dove le prospettive erano stimolanti per i guerrieri che non erano riusciti a fare carriera in Europa. Dopo la sua morte, inflittagli personalmente nel 1187 da Saladino che gli aveva giurato odio inestinguibile per le sue imprese bandistiche, la propaganda crociata (con la parziale esclusione di chi conosceva l'aggressività del personaggio) gli cucì addosso un'immagine di santità e ne fece un eroe dedito alla preghiera e alle virtù cristiane sin dagli anni giovanili, incurante di onori, ricchezze e persino della corona di Gerusalemme offertagli (in realtà era stato solo reggente temporaneo del regno, a causa della lebbra che affliggeva il valoroso e sfortunato re Baldovino IV). Più che il martirio, che comunque non gli fu fatto mancare, il personaggio voleva conquiste e soprattutto guerre: dopo essere stato principe di Antiochia avrebbe ricevuto il feudo oltre il Giordano e, dedicatosi da lì a una lotta senza quartiere contro Saladino, dopo essere finito nelle sue mani ad Hattin avrebbe affrontato il

sultano non più con la spada ma in una disputa religiosa fino
a ricevere dall'avversario la pena capitale, affrontata con gioia
in vista della gloria del martirio. In questa ricostruzione, condotta soprattutto da Pietro di Blois bisognoso di un modello
propagandistico per l'imminente terza crociata (1189-1192),
vanno inseriti alcuni aggiustamenti. Indubbiamente Rinaldo
era animato da furore antimusulmano, inevitabile reazione a
sedici anni di prigionia nelle carceri siriane dopo una prima
cattura; e senza dubbio Saladino gliela fece pagare, se non ef-
fettuando personalmente la sua esecuzione dopo la seconda e
ultima cattura, almeno ordinandola. Ma più che altro Rinaldo era un avventuriero guardato con sospetto dai propri stessi
correligionari, fra i quali non era facile inserirsi soprattutto da
quando la controffensiva islamica aveva iniziato a decurtare i
territori ereditabili e i feudi dei quali farsi investire dalla corte
di Gerusalemme; come sposo di Costanza d'Antiochia nel
1153 e successivamente di Stefania di Milly, divenne un personaggio assai in vista a cui però non fu mai tolta l'etichetta
di fortunato *parvenu*, obbligato a farsi da parte nel momento
in cui i veri eredi concepiti dalle sue successive consorti nelle
precedenti nozze avrebbero reclamato i titoli ricoperti provvisoriamente dal patrigno. L'uomo, va detto, non fece molto
per farsi amare: una sua controversia con il patriarca d'Antiochia fu conclusa dal supplizio del povero prelato, denuda-
to ed esposto all'implacabile sole del Medio Oriente dopo
essere stato ben strofinato di miele per la delizia degli insetti
subito avventatisi su di lui; delle sue azioni piratesche fecero
le spese anche certe navi cristiane e nel 1156 sbarcò a Cipro
mettendola a sacco, per umiliare l'imperatore di Bisanzio suo
avversario in quel momento. Dovette piegarsi a un gesto ri-

paratore, ma rimaneva tanto più inarrestabile quanto più lo si emarginava: una rassegna della nobiltà orientale lo relega fra i non-nobili, e la sua richiesta di omaggio feudale da parte del signore di Cesarea di Cappadocia fu respinta perché Rinaldo non era che il principe consorte della principessa di Antiochia di cui egli restava il reggente provvisorio per conto del figliastro Boemondo III, più gradito ai baroni locali. Eppure Rinaldo passava tra critiche, accuse e persino scomuniche senza curarsene. Ebbe tempo per riflettere dopo la sua cattura nel 1160, seguita − come si è detto − da una lunga detenzione, con segni di sollievo perfino tra i cristiani, gelosi della sua carriera o anche solo impensieriti dalle sue provocazioni; tanto che al momento di raccogliere la somma necessaria per il suo riscatto, ammontante a «*multa pecunia*» secondo un cronista, sembra esserci stata qualche riluttanza tra i finanziatori. Liberato infine ma con una carriera da far ripartire ora che Antiochia non era più sua, Rinaldo ebbe una nuova opportunità grazie alle nozze con Stefania di Milly ereditiera dell'Oltregiordano (1177), unione che lo pose nella condizione di vassallo del re di Gerusalemme. Ma per un personaggio fuori misura come lui, il vassallaggio era inconcepibile in termini di sottomissione; soprattutto con tanti conti da regolare con i nemici musulmani, impegno perseguito con uno zelo che destava crescente allarme nella corte di Gerusalemme dove il re Baldovino IV e il conte di Tripoli − che sostituiva il sovrano quando la lebbra non gli dava tregua − sapevano bene che la sopravvivenza del territorio cristiano dipendeva sempre più spesso dalle tregue graziosamente concesse da un Saladino consapevole della propria forza, e che spesso preferiva far lavorare il tempo per lui.

Il valore guerriero del nuovo vassallo dell'Oltregiordano era ancora una risorsa, quando era possibile imbrigliarlo: nel 1177 era da poco insediato nella propria nuova contea quando Saladino invase ancora una volta il regno alla testa di un esercito che, dopo le consuete devastazioni, si era sparpagliato nella pianura costiera nella convinzione che i cristiani fossero ormai spacciati e che non fosse più necessario mantenere la vigilanza e uno schieramento compatto. Ma mentre la popolazione di Gerusalemme attendeva atterrita la propria sorte nella Torre di Davide, re Baldovino IV nonostante la malattia colse il momento: dato il comando a Rinaldo e fattosi issare su una lettiga, portò l'esercito a ridosso del nemico a Ramla e poté vedere il signore di Châtillon guidare i soldati di Cristo in una carica improvvisa e violentissima che diede una vittoria splendida quanto insperata. Si videro i nemici strapparsi di dosso le armature per scappare più in fretta, Saladino a stento si mise in salvo su un cammello, le popolazioni locali si avventarono su fuggiaschi e sbandati per depredarli e abbatterli, i servizi religiosi con i quali prima della battaglia si era invocato il soccorso divino cedettero il posto a gioiose funzioni di ringraziamento. Il trionfo ebbe echi anche in Occidente; ecco dunque Rinaldo decantato dai cronisti quale vigile ma sin troppo attiva sentinella ai confini orientali del regno, da lui "difeso" con dinamismo spericolato come dimostra la più ardita delle sue imprese.

Perché lo Châtillon non era soddisfatto. Non essendogli infatti bastata la violazione di una tregua nel 1180 (con successivo rifiuto opposto all'ordine del re di restituire il bottino, rifiuto che secondo un cronista fu accompagnato da minacce), continuò la propria crociata personale organizzando un'incursione anfibia (inverno 1182-1183) con imbarcazioni smontate e caricate su cammelli, portate fino alla sponda settentrionale del mar Rosso, riassemblate e inviate dapprima ad assediare l'isola dei Faraoni (Graye) pochi chilometri a sud di Aqaba/Aylah, e poi verso Gedda per poi tentare uno sbarco e avvicinarsi a Medina e a La Mecca, profanando i primi Luoghi Santi dell'islam. Voleva veramente impossessarsi della salma di Maometto che riposa ancora oggi a Medina, per costringere i musulmani a pagare una tassa se volevano venerarla, come per secoli essi avevano fatto con la Tomba di Cristo a Gerusalemme? O andare ancora più a sud, fino a minacciare i traffici del golfo di Aden alle porte dell'oceano Indiano? In ogni caso, Saladino non ebbe dubbi sul danno che il *raid* stava infliggendo anche alla sua immagine di campione dell'islam, soprattutto nel momento in cui lui doveva farsi perdonare certe guerre fra musulmani scatenate per consolidare il proprio potere; ordinò quindi una caccia spietata ai corsari che vennero intercettati, braccati, catturati e sgozzati come vittime sacrificali in quella stessa La Mecca che videro non come terra di conquista ma come sede della propria condanna; Rinaldo di Châtillon raggiunse fortunosamente i propri castelli oltre il Giordano, inseguito dalle maledizioni del sultano la cui vendetta per quella volta fu solo rinviata. Rinaldo ebbe comunque l'onore di apprendere che più a nord, ad Ajlun nell'attuale Giordania, fu fatto costruire nel 1184-1185 un castello anche per limitare la sua avanzata nelle regioni settentrionali della terra oltre il Giordano; ma di combinare guai pure lassù quel fanatico non ebbe il tempo.

Nel mentre erano infatti cambiati gli assetti del potere a Gerusalemme. Guido di Lusignano, vassallo francese del

re d'Inghilterra, si era ribellato al proprio signore, ne aveva
ucciso un dignitario e aveva cercato miglior fortuna in Terra
Santa, dove iniziò una carriera che pare una copia di quella
dello Châtillon: tra un passato incerto e un futuro tutto da
stabilire, il nuovo avventuriero aveva fatto innamorare di sé
Sibilla, contessa di Giaffa e sorella di Baldovino IV il quale,
alla ricerca di un successore o almeno di un reggente, aveva
già messo gli occhi su altri e più qualificati aristocratici per
garantire al regno una discendenza degna e una guida militare sicura, due risultati al di fuori della sua portata a causa
della lebbra. Guido non aveva nessun requisito particolare:
già vassallo di secondo rango del proprio signore al quale
si era ribellato con le armi più d'una volta, era un uomo
in fuga, chiamato nelle cronache "mercenario", "forestiero",
semplice "pellegrino", e anche nel suo caso il ruolo previsto
fu inizialmente quello di amministratore e difensore del regno in attesa della maggiore età di Baldovino V, il figlio che
Sibilla, da lui sposata nel 1180, aveva concepito con Guglielmo Lungaspada di Monferrato. Re Baldovino IV, suo rilut-
tante cognato, a dire il vero avrebbe voluto far giustiziare
seduta stante il seduttore della sorella, ma quest'ultima volle
restare al fianco dell'uomo che aveva scelto e il re dovette accettare la nuova situazione, ponendo fine allo scandalo
con le improvvisate nozze riparatrici. Grazie a queste ultime,
adesso, Guido di Lusignano poteva puntare alla successione
sul trono, e il figliastro generato da Sibilla non era un avversario temibile anche perché sarebbe morto prima della
maggiore età, in circostanze poco chiare. Non sorprende
che Guido e Rinaldo di Châtillon abbiano subito avuto in
comune un avversario, ossia l'ambiente della corte e della

feudalità d'Oltremare così ostile ai nuovi venuti; e avrebbero formato una temibile "banda dei quattro" con il nuovo maestro templare, Gerardo di Ridefort, dal passato non molto migliore, e l'intrigante patriarca di Gerusalemme Eraclio, accusato di aver eliminato con il veleno il suo rivale nella corsa alla carica, l'arcivescovo Guglielmo di Tiro, e di avere una sconveniente relazione con la regina madre Agnese e un'altra donna che la cittadinanza di Gerusalemme aveva soprannominato "la Patriarchessa". Non era questa la Terra Santa che i predicatori della crociata esaltavano nel tentativo di mandare nuovi volontari in Oriente, ma il passaggio in Terra Santa era anche questo: una nuova opportunità per personaggi che altrove avrebbero rischiato la fine della carriera e forse anche la forca, ma che qui potevano aprire per sé una nuova prospettiva, giocando con spregiudicatezza ma non per questo sentendosi meno degni della gloria terrena e magari anche di quella celeste. Pure Rinaldo, fra un'aggressione e l'altra e destando crescente furore in Saladino che vedeva tregue violate e carovane depredate impunemente, dovette programmare il proprio futuro politico: nel 1183 Unfredo IV di Toron, il figlio avuto dalla sua attuale moglie Stefania nelle proprie prime nozze, sposò Isabella, sorellastra di Sibilla, e per il signore dell'Oltregiordano questo fu un altro passo verso il controllo della successione sul trono di Gerusalemme, sebbene il suo candidato restasse Guido di Lusignano. Un colpo non privo di destrezza: Rinaldo ora manovrava come marionette i due rivali nella stessa contesa, e ciascuno dei due gli doveva parecchio.

Ma nemmeno Saladino restava inattivo: dopo aver avvertito il re di Gerusalemme che si sarebbe fatto giustizia da solo se le scorribande dello Châtillon non fossero state frenate (anche perché quella di occupare l'oasi di Tayma per minacciare Medina e La Mecca era un'idea fissa dello scatenato conte), lanciò nel 1182 un nuovo attacco in Galilea e avviò l'anno seguente un ulteriore assedio al Kerak di Moab, in un Oltregiordano sempre più importante per la nuova offensiva che avrebbe riportato l'islam a Gerusalemme; la situazione fu salvata, almeno all'inizio, da un guerriero di nome Ivano che da solo impegnò la massa nemica dando ai compagni il tempo di demolire alle sue spalle il ponticello di legno che collegava al castello l'abitato di Kerak ormai perduto. Un gesto eroico che però non nascondeva le responsabilità di Rinaldo, acerbamente criticato per avere vietato agli abitanti del borgo di abbandonare le proprie case invece di rifugiarsi nel castello (il quale proprio a questo scopo era stato eretto); sotto l'insostenibile pressione dell'armata di Saladino la folla corse comunque verso la rocca dove venne accolta, ma non senza il rischio di far penetrare al suo interno pure i nemici. Costoro si consolarono saccheggiando le case rimaste non solo incustodite ma anche provviste di tutto ciò che non era stato possibile mettere in salvo in quei momenti frenetici; e gli addetti ai servizi dell'esercito sultaniale poterono aprire bottega là dove fino a poco prima avevano esercitato i propri mestieri gli artigiani cristiani. Inoltre, il bestiame che i fuggiaschi avevano febbrilmente radunato nel fossato per sottrarlo alla razzia diventò semplice merce a disposizione degli assedianti, che poterono servirsi di carne fresca sotto gli occhi della guarnigione e dei rifugiati.

Fu durante questo nuovo assedio che il sultano fu quasi sul punto di interrompere i festeggiamenti per le nozze di

Unfredo e Isabella, organizzati dall'odiato Rinaldo: una magnifica occasione per vendicarsi, e il sultano fu puntuale al lieto ritrovo. Per giunta, il castello di Kerak era affollato ma la guarnigione non era delle più agguerrite: insieme ai combattenti erano infatti presenti giullari, giocolieri, musici e altro personale addetto allo svago degli invitati alla cerimonia nuziale, tutti improvvisamente costretti ad assistere dagli spalti a ben altri "numeri" offerti dagli instancabili serventi delle catapulte sultaniali. Ma le mura del Kerak erano solide e l'assedio si esaurì con uno scambio di gentilezze cavalleresche fra Stefania di Milly e il sultano, al quale la moglie di Rinaldo fece giungere alcune portate del banchetto ottenendo in cambio che le catapulte musulmane risparmiassero la torre dove i due sposi avrebbero alloggiato; le due parti insomma erano capaci anche di rispettarsi. La lotta però riprese: fuochi accesi sulle torri del castello furono visti dalla Torre di Davide a Gerusalemme, le cui strutture erano assai più alte dei resti odierni e permettevano simili avvistamenti, magari favoriti da "ripetitori" funzionanti con lo stesso sistema. Era il segnale del pericolo, e immediatamente una colonna di soccorso giunse dalla Città Santa in tempo per costringere Saladino a ritirarsi. Non era ancora giunto il tempo in cui ciascun castello se la sarebbe dovuta cavare da solo, confidando solo nelle mura e nei propri magazzini, nell'impossibilità di essere raggiunto da soccorsi e rifornimenti.

Ma non si era trattato che di un altro assedio interrotto: il sultano sapeva che il tempo lavorava per lui, soprattutto alla corte di Gerusalemme dove la temporanea caduta in disgrazia di Guido di Lusignano non aveva posto fine alle sue ambizioni. Messo da parte con l'accusa di fiacca condotta delle operazioni durante l'invasione islamica del 1183, lo sposo di Sibilla aveva dovuto assistere all'incoronazione del figliastro Baldovino V, un bambino nelle mani del vero padrone del regno, ossia Raimondo III conte di Tripoli e nuovo reggente; nel 1185 morì Baldovino IV, seguito l'anno seguente dal bambino. I sospetti di morte non naturale, autorizzati in un ambiente dove varie carriere erano già state interrotte con l'assassinio (e con il contributo di personaggi ancora attivi a corte), coinvolsero persino la madre dell'erede; in ogni caso, Guido e Sibilla con il sostegno di Rinaldo di Châtillon, di Gerardo di Ridefort e del patriarca organizzarono un colpo di Stato alla fine del quale i due sposi erano re e regina di Gerusalemme, e il regno sull'orlo della guerra civile. Faticose mediazioni propiziarono una pace instabile tra le due fazioni, ma Rinaldo nel 1186 violò ancora una volta una tregua: a re Guido che lo aveva invitato a un gesto riparatore rispose di non volere alcuna tregua con il nemico, e che Guido pensasse agli affari suoi visto che lui, Rinaldo, era padrone della propria terra quanto il re lo era della sua. In teoria il territorio oltre il Giordano era un feudo della corona, ma ciò non contava nulla per lo Châtillon il quale sapeva bene che Guido doveva la corona proprio a lui.

Poco dopo Rinaldo si ritirò temendo per sé, come scrisse il suo nemico Imad ed-Din amante delle frasi a effetto, «il distacco dell'anima dal corpo»; ma stavolta, nella carovana depredata mentre attraversava il territorio di questo crociato a vita, si trovava la sorella del sultano (o la madre, secondo altre fonti), e anche se la nobildonna ne uscì illesa Saladino giurò che avrebbe ucciso Rinaldo personalmente, e alla guida di un'armata di dimensioni mai viste passò il Giordano. Il nuovo re Guido si pose alla testa dell'esercito ma volle fidarsi non della saggezza e dell'esperienza del conte Raimondo, bensì dei "falchi" Rinaldo e Gerardo di Ridefort i quali accusarono il cauto conte di Tripoli di viltà e tradimento e convinsero Guido a cercare immediatamente il successo militare di cui aveva bisogno per accreditarsi come degno sovrano di Gerusalemme. Raimondo aveva condotto con il sultano una propria diplomazia parallela e il suo gioco politico fu in effetti torbido; ma aveva ragione a sconsigliare una marcia sotto il sole di luglio e lontano dalle sorgenti. Saladino fu dunque felice di vedere comparire le avanguardie nemiche nel vasto pianoro a ovest delle due collinette di Hattin presso il lago di Tiberiade; con un'accorta combinazione di cavalleria e fumo di erba bruciata, spinto dal vento verso i nemici già arsi dalla sete, strangolò progressivamente l'esercito di Guido e nel giro di poche ore poté dedicarsi alla vendetta sui templari e sugli ospitalieri, normalmente esclusi dalla sua proverbiale

Saladino cattura Guido di Lusignano ad Hattin presso Tiberiade (1187) e gli sottrae la reliquia della Vera Croce; in realtà il sultano non partecipò all'azione (da un manoscritto della *Chronica maiora* di M. Paris, XIII secolo).

clemenza (con qualche occasionale eccezione per i secondi, dei quali il sultano apprezzava la missione di carità). Ma le altre prede erano ancora più ricche: Guido e Gerardo vennero risparmiati, il primo per il rango («non si usa che i re si uccidano tra loro», sentenziò il vincitore davanti al terrorizzato Guido) e il secondo per uno scambio con Gaza; ma soprattutto, il sultano ebbe finalmente nelle proprie mani il nemico più odiato ossia il signore dell'Oltregiordano. Molti erano i conti da regolare, almeno a cominciare dalla sacrilega incursione lungo il mar Rosso, ma il cronista arabo al-Dahabi fa risalire l'odio del sultano alla sconfitta di dieci anni prima, quando Rinaldo era stato il comandante del vittorioso esercito cristiano che aveva umiliato Saladino. A questo punto le fonti divergono: la propaganda della successiva terza crociata adattò a Rinaldo una candida veste di martire ricalcando la propria ricostruzione sulle vite dei santi e aggiungendo lo sdegnoso rifiuto, da parte del prigioniero, di ottenere la libertà in cambio dei propri castelli o dell'accettazione della fede islamica; le altre fonti, invece, soprattutto quelle arabe ma anche una cronaca italiana, menzionano il rituale con il quale Saladino fece capire a Guido e a Rinaldo quale sarebbe stata la loro sorte. Infatti il sultano avrebbe fatto offrire da bere all'assetato re, il quale dopo essersi servito passò la coppa a Rinaldo in segno di cortesia del signore verso il vassallo; un adirato Saladino fece notare a Guido che, essendo l'offerta di acqua e cibo un segno di clemenza secondo l'ospitalità del deserto, doveva essere chiaro che era stato Guido e non lui a far bere il già condannato Châtillon, il quale dopo aver replicato orgogliosamente alle accuse del vincitore fu da lui fatto giustiziare. Secondo un'altra versione, il sultano avrebbe chiesto al prigioniero cosa quest'ultimo gli avrebbe fatto se le parti fossero state invertite, e Rinaldo avrebbe risposto che avrebbe fatto decapitare il rivale firmando così la propria condanna. C'è anche una terza lettura della fine di Rinaldo: quella dei cronisti i quali, pur deplorando la catastrofica sconfitta, accusarono Rinaldo di averla provocata, ma le loro voci furono coperte dal dolore e dal furore con cui la notizia della disfatta venne accolta in Europa, dove per molto tempo non ci fu spazio per giudizi equilibrati.

Mentre la testa di Rinaldo veniva fatta trascinare per varie province dell'impero di Saladino, si consumava l'ultimo atto della storia dell'Oltregiordano latino. Teoricamente la morte del conte implicava la successione da parte del suo figliastro Unfredo, catturato insieme a lui; ma all'ultimo signore della regione non restò che liquidare l'esperienza dell'incastellamento crociato oltre il fiume del Vangelo. Sua madre Stefania

Saladino decapita l'odiato Rinaldo di Châtillon, appena catturato ad Hattin. Rinaldo, dai suoi castelli oltre il Giordano, aveva ripetutamente aggredito città e carovane arabe (manoscritto della *Historia* di Guglielmo di Tiro, XV secolo).

negoziò con il sultano lo scambio del figlio con i due castelli di Moab e Montréal, le cui guarnigioni però rifiutarono di arrendersi e anzi accusarono la nobildonna di intese con il nemico a danno della cristianità. La cessione di un castello era una questione strategica ma anche morale, soprattutto in Oriente dove i crociati non avevano una retrovia; erano in gioco non solo la difesa del regno ma anche il nome e la legittimità della dinastia a cui il castello era stato affidato, e pure fra i templari la normativa non concedeva deroghe, senza che ciò impedisse a Gerardo di Ridefort di comprarsi la libertà in quel modo, violando un esplicito divieto ma cavandosela meglio dei suoi confratelli che anni prima erano stati impiccati per non aver resistito abbastanza. Una legge del XIII secolo promulgata da Alfonso VIII re di Castiglia sarebbe giunta ad autorizzare i castellani assediati a cibarsi delle carni dei propri figli, pur di non cedere le fortezze per fame; e le cronache non mancano di elogiare, contrapponendoli a difensori meno impavidi, i baroni che, dopo la cattura, anche sotto le bastonate o peggio esortarono i loro compagni a non arrendersi e a rifiutare qualsiasi scambio. È il caso di Gualtiero IV di Brienne signore di Giaffa, lontano ma degno discendente di Rinaldo di Châtillon, che dopo essere stato catturato nel 1244 urlò ai difensori della città di non accettare alcuno scambio a vantaggio dei nemici che lo stavano torturando. Quanto a Gerardo di Ridefort, la sua ascesa al cielo dei martiri fu solo rimandata: due anni dopo si sarebbe riscattato cercando e trovando la morte all'assedio di Acri, dopo avere rifiutato di mettersi in salvo davanti alla massa nemica avanzante. Tornando alla sorte di Guido di Lusignano, ricordiamo che egli ottenne il rilascio in cambio della città di Ascalona; un cedimento che avrebbe permesso al suo nuovo rivale per la successione, Corrado di Monferrato, di accusarlo di indegnità.

Stefania di Milly, davanti al rifiuto delle guarnigioni dell'Oltregiordano di scambiare i castelli con suo figlio, dovette rinunciare al patto con Saladino il quale tuttavia, da magnifico cavaliere quale era, concesse ugualmente il rilascio di Unfredo (oppure secondo altri una detenzione degna del suo rango prima della liberazione, poi comunque accordata). Mentre iniziava la riconquista cristiana del regno con la terza crociata, che sarebbe terminata nel 1192 senza la ripresa di Gerusalemme, i due castelli di Montréal e di Moab si trovarono troppo isolati nell'interno per essere raggiunti dai rinforzi che iniziavano a sbarcare presso il campo d'assedio di Acri: il regno era ridotto a una striscia di terreno con il solo mare alle spalle, e le due fortezze sarebbero state raggiungibili solo dopo aver effettuato una durissima marcia nell'entroterra, persino oltre la Città Santa le cui difese erano state rinforzate da Saladino. Dopo una comunicazione giunta in Occidente secondo la quale Kerak e Montréal ancora resistevano insieme a poche altre posizioni non ancora sommerse dalla controffensiva del sultano, i due castelli cedettero per fame, Moab nel 1188 e Montréal l'anno seguente, dopo che per prolungare la resistenza le "bocche inutili" erano state affidate alla clemenza del nemico (il quale fece cercare e riscattare nei vari mercati di schiavi le donne e i bambini cristiani che vi erano stati già avviati); i castelli minori, concentrati nella vicina valle di Petra (dove la splendida città nabatea oggi ormai oscura il ricordo delle fortezze medievali), si arresero nello stesso periodo. Nel frattempo anche Saif ed-

Din fratello di Saladino, cercando di occupare più posizioni possibili prima che l'inevitabile crociata della riscossa desse ai conquistatori nuovo filo da torcere, passava da un castello all'altro mostrandosi pure lui uomo d'onore: le donne e i bambini la cui dolente presenza aveva convinto alla resa i difensori di Mirabel, furono raccolti con gli altri prigionieri in un'unica colonna mandata in territorio cristiano con una scorta loro assegnata dallo stesso principe dell'islam. Templari e altri cristiani usciti da Gerusalemme mostrarono la propria gratitudine per tanta cavalleria attaccando la scorta, quando fu giunta alle porte della Città Santa con gli infelici che essa aveva protetto fino a quel momento.

L'Oltregiordano non sarebbe stato mai più rioccupato dai latini. La sua funzione di cerniera fra Egitto e Siria era troppo importante non solo per i crociati ma anche per le varie dinastie islamiche avvicendatesi nella regione, le quali a più riprese si videro respingere la proposta di scambio delle posizioni crociate nel delta del Nilo con la stessa Gerusalemme e altri territori, perché non era stata accompagnata dalla restituzione dell'Oltregiordano e dei suoi irrinunciabili castelli. Anche quando l'imperatore Federico II di Svevia negoziò con il sultano al-Kamil la provvisoria restituzione della Città Santa e di altre località (1229), Moab e Montréal vennero escluse dall'intesa. I cronisti latini sapevano di cosa parlavano, affermando che senza i due castelli Gerusalemme, isolata fra le colline della Giudea e relativamente lontana dal porto più vicino (quello di Giaffa, a 60 chilometri), non avrebbe avuto risorse per resistere al primo tentativo nemico di riconquista.

Il progressivo arretramento dei confini degli Stati crociati davanti alla controffensiva islamica tolse significato all'esistenza di vari castelli, i quali per prudenza vennero comunque abbattuti dopo la capitolazione; ma poteva accadere che la qualità della costruzione consentisse un prolungamento della loro operatività, lungo vie di comunicazione ancora bisognose di sicurezza. Così il Kerak di Moab conservò una funzione quale capoluogo amministrativo dell'Oltregiordano il cui signore islamico cercò di inserirsi nel contrasto tra il Cairo e Damasco, mentre insediamenti meno significativi occuparono il sito di Montréal; ad assicurare la sopravvivenza alle due rocche nei secoli successivi alla rioccupazione islamica furono anche la difesa delle scorte di grano raccolte nella regione e la necessità di vigilare su quel settore delle vie tra Egitto e Siria e verso La Mecca. Ma contava anche la strategia della nuova dinastia mamelucca, la quale era consapevole di non poter battere i cristiani in un confronto navale e preferiva concentrare la difesa contro eventuali nuove crociate sulle linee di comunicazione interne: si sarebbe cioè acconsentito al nemico europeo di sbarcare sulla costa (i cui porti vennero infatti rasi al suolo come misura preventiva) per affrontarlo successivamente in grandi battaglie di manovra, nelle quali la superiorità numerica dell'islam avrebbe prevalso sugli invasori, lontani dalle proprie basi logistiche che erano essenzialmente i porti. I cristiani controllavano insomma il mare, i musulmani la terra; ma non ci si può arrendere a una nave, e la terra rimase ai musulmani. Inoltre, la via di comunicazione tra Egitto e Siria sorvegliata da queste sentinelle di pietra della Giordania meridionale riacquistò importanza davanti alla minaccia tartara, manifestatasi a partire dal 1220 con Gengis Khan e durata fino all'inizio del Trecento, mossa da una strategia mirante a spaccare in due la potenza mamelucca tra il Cairo e Damasco (prospettiva che a qualche cristiano d'Occidente fece sognare la fine dell'islam, annunciata da alcune profezie rispolverate o confezionate *ex novo* per l'occasione). Il Kerak di Moab, che sotto sultani come Baybars fu adibito anche a deposito delle riserve finanziarie dello Stato, era poi anche un possibile rifugio per sultani come al-Ashraf, il quale temeva che qualche rivolta al Cairo lo abbattesse dal trono e intendeva conservare per sé un ultimo baluardo dove riorganizzarsi.

## Taybeh e gli avventurieri italiani

I marchesi di Monferrato furono una specie di famiglia Kennedy del XII secolo il cui patriarca, il marchese Guglielmo V il Vecchio, concepì per i propri figli una serie di carriere nell'Oriente latino dopo aver sperimentato che in Italia la crescente affermazione dei Comuni toglieva spazio ai vassalli dell'impero; ma la fine di questi uomini fu sempre tragica e l'unico a morire di morte naturale fu proprio il loro vecchio padre.

La storia dell'Oriente crociato si intreccia con quella delle guerre fra i Comuni italiani e Federico I Barbarossa della seconda metà del XII secolo. Il Sacro Romano Impero doveva sempre più spesso fare i conti con le autonomie rivendicate dalle città del Nord, soprattutto Milano che nel 1162 fu rasa al suolo; fra i due contendenti stavano le aristocrazie arroccate nei castelli delle campagne, aristocrazie talvolta incerte sulla parte con cui schierarsi perché la lontananza dell'imperatore poteva indurre ad accettare le "offerte" dei Comuni ad allearsi con loro, quando non si era costretti a un autentico soggiorno obbligato all'interno delle mura cittadine. Duran-te le periodiche calate dell'imperatore in Italia, gli equilibri si capovolgevano e i baroni delle campagne rinnovavano il giuramento di fedeltà al signore sceso dalla Germania; ma quest'ultimo aveva le proprie difficoltà a districarsi in una situazione in cui nessuno si fidava del tutto né dei propri sottomessi né dei propri vicini. I più lungimiranti avevano pochi dubbi: le autonomie comunali, pur con qualche bat-tuta d'arresto, erano inarrestabili e a intuirne meglio di altri il destino furono i marchesi di Monferrato, una dinastia che dopo aver oscillato tra i due contendenti ritenne di avere un migliore futuro in Oriente consacrando con il simbolo del-la crociata le proprie ambizioni, due concetti non necessa-riamente incompatibili. Guglielmo il Vecchio, alla ricerca di nuovi spazi per il proprio casato, era parente dello stesso Bar-barossa nella cui corte era considerato l'unico barone italiano capace di imporsi sui Comuni; ed era apprezzato anche in Oriente, dove nel corso della seconda crociata (1147-1148) aveva contribuito a salvare un'impresa alla fine fallimentare, ma sottratta *in extremis* alla catastrofe completa grazie anche a lui. Le sue capacità militari e politiche avevano lasciato un ri-cordo che avrebbe influito, trent'anni dopo, sulla decisione di rivolgersi alla sua dinastia per rinvigorire quella del regno di Gerusalemme, dove la malattia proibiva al re Baldovino IV di generare eredi. Nel 1172, dopo essere stato battuto sul cam-po dovette giurare sul Vangelo di obbedire a Milano, Cre-mona, Piacenza e Lodi, rinunciare ad alcuni castelli e cedere come ostaggio uno dei propri figli. Non restava che cercare migliori prospettive dall'altra parte del Mediterraneo, dove però si stavano profilando guai anche peggiori.

La prima iniziativa per un trapianto dinastico in Oriente fu costituita dalle nozze di Guglielmo Lungaspada, figlio del marchese, con Sibilla erede al trono di Gerusalemme: i marchesi, ancora poco pratici delle procedure di successione del regno orientale, presumevano che ciò avrebbe spianato all'erede piemontese la via del trono e invece la corte in cui era stato cooptato pensava a lui come a un reggente del re lebbroso, il cui posto sarebbe stato preso dal figlio che Sibilla e Guglielmo fecero in tempo a concepire, il futuro Baldovino V. Guglielmo morì dopo pochi mesi lasciando il sospetto di un delitto di palazzo; poco dopo anche suo fratello Ranieri, giunto a Costantinopoli per essere ammesso nell'aristocrazia locale e gettare un altro seme del casato in Oriente, trovò la morte per congiura. Come abbiamo già visto, i ceti dominanti locali non avevano alcuna intenzione di cedere prospettive di carriera a quei nuovi concorrenti.

In Italia la pace di Venezia tra l'impero e il papato, nel 1177, tolse ai Comuni l'appoggio del pontefice Alessandro III ma mandò un chiaro segnale anche a Guglielmo il Vecchio: il Barbarossa, nonostante la sconfitta di Legnano dell'anno precedente, aveva un avversario in meno e poteva dunque contare di più in Italia, dove i marchesi di Monferrato non ritenevano conveniente abbracciare in maniera troppo stretta un impero troppo forte anche per loro, e la via dell'Oriente rimase per loro aperta.

A Gerusalemme il figlio postumo del Lungaspada, Baldovino V, fu incoronato nel 1183: lo stesso anno della pace di Costanza tra l'impero e i Comuni, e non casualmente lo stesso in cui Guglielmo il Vecchio ritenne giunto il momento di spostare decisamente l'asse della dinastia in Terra Santa, dove un cronista annotò che la notizia dell'incoronazione rese felice il nonno dell'erede e lo indusse a partire per l'Oriente allo scopo di vigilare sul nipote e − riteniamo − anche di impedire che qualche barone locale gli si avvicinasse troppo, considerata la fine del padre Lungaspada. Le porte d'Oriente parevano non aprirsi ma spalancarsi: dopo due figli morti, il nipote ed erede avrebbe permesso un nuovo trapianto della dinastia, direttamente su un trono e senza dubbi sulla legittimità. Le radici italiane non furono però troncate: Guglielmo lasciava il marchesato nelle mani dei figli Guglielmo e Bonifacio, i quali avrebbero seguito il padre in Oriente con obiettivi diversi ma anche trovando la stessa tragica fine dei fratelli che li avevano preceduti.

A Gerusalemme la minore età (cinque anni) di Baldovino V aveva imposto l'affidamento della reggenza a Raimondo conte di Tripoli e del bambino ai templari oppure allo zio Jocelin III conte di Edessa; Guido di Lusignano, secondo marito di Sibilla, era stato allontanato dal potere e dalla successione con l'accusa di inadeguatezza e solo dopo vari anni la legge del regno avrebbe permesso al nipote di Guglielmo il Vecchio di governare a pieno titolo, quindi che fare mentre Saladino si faceva sempre più minaccioso? Mentre le fazioni rimandavano la resa dei conti a momenti più tranquilli che non sarebbero mai arrivati, la corona di Gerusalemme veniva offerta al re d'Inghilterra che fiutò l'inopportunità di mettere le mani in quel nido di vipere: questo perché si sollecitavano nuove crociate da un'Europa che non ne voleva sapere e che si sarebbe mossa troppo tardi, dopo la caduta di Gerusalemme. Persino un potenziale pretendente alla mano di Sibilla prima di Guido di Lusignano, il duca di Borgogna

Ugo III, si era rimangiato la promessa dopo aver visto la confusione e la debolezza del regno, e probabilmente anche dopo aver meditato sulla fine del precedente marito dell'erede che avrebbe dovuto sposare.

Nonostante queste premesse, nel 1186 Guglielmo il Vecchio fu accolto calorosamente in Terra Santa dove gli fu assegnato il castello di S. Elia, attuale Efraim o Taybeh, a nord di Gerusalemme, da dove contava di esercitare la tutela del nipote minorenne Baldovino V. Ma i tutori, che erano i templari o il conte Jocelin, c'erano già e Guglielmo fu tenuto lontano dal nipote e da qualsiasi altra funzione che potesse esporlo alle tentazioni del potere e forse anche della vendetta, visto che intorno al re bambino si aggiravano troppi personaggi e fra coloro che avevano salutato il marchese all'arrivo stavano probabilmente pure gli assassini del Lungaspada, suo figlio. Anche per l'anziano marchese il clima non era dei migliori: Guido di Lusignano, ansioso di tornare nel gioco politico, si lamentava dell'invadente potere del reggente Raimondo (che tra l'altro aspirava alla corona al pari del rivale), i templari conducevano una propria politica semi-indipendente, i baroni delle varie fazioni non sapevano decidere se puntare anch'essi alla successione oppure entrare nel partito di Raimondo o in quello di Guido, il quale aveva promesso fantastici benefici a chi lo avesse aiutato nella lotta per la corona.

Forse per Guglielmo il Vecchio la cosa migliore fu restare, almeno per il momento, nel castello di Taybeh, che ancora oggi con la sua massa concentrica (ma anche relativamente minuscola, se paragonata agli altri edifici militari di Terra Santa) rimane l'unico resto di quel progetto politico: abbastanza vicino alla corte di Gerusalemme, ma anche al sicuro dai veleni e dai coltelli con i quali si era posto fine a varie altre carriere troppo veloci. Tuttavia gli altri figli del marchese, nel settembre 1186, furono raggiunti nell'altro mondo dallo stesso loro nipote Baldovino V, e naturalmente le voci sul carattere poco naturale del decesso si scatenarono; ma l'attenzione di tutti fu presto attratta dal colpo di Stato con il quale lo Châtillon, il Ridefort ed Eraclio assicurarono la corona a Guido e Sibilla, impostisi anche sui baroni che avevano puntato su un proprio candidato, Unfredo IV di Toron, dimostratosi recalcitrante e anzi subito sottomessosi alla nuova coppia reale.

Nessuno però, a parte pochi saggi come Guglielmo arcivescovo di Tiro morto prima di vedere il disastro del 1187, aveva fatto i conti con Saladino, il quale dovette fregarsi le mani alla vista della corte nemica lacerata dalle lotte interne; soprattutto dopo la nuova violazione di tregua. Anche a Guglielmo il Vecchio non restava che rispolverare la spada, ma sulle colline di Hattin il 4 luglio fu fatto prigioniero insieme al re e a numerosi altri nobili e mandato in una prigione siriana, da dove Saladino lo fece condurre davanti alla città di Tiro; qui, pochi mesi dopo la cattura del padre, era sbarcato l'altro suo figlio Corrado. Quest'ultimo, deciso a togliere a Guido la speranza di riprendere la corona dopo la cattura e il poco onorevole rilascio, aveva assunto la difesa della città e il sultano pensò di mostrargli il padre, fiaccato dagli stenti della prigione, per costringerlo a uno scambio. Corrado dall'alto delle mura della città gridò che il genitore era troppo vecchio per valere uno scambio e che anzi per i suoi peccati il martirio era la soluzione ideale, giungendo addirittura a puntare su di lui una balestra e fingendo di mancarlo, mentre lo stesso genitore lo incitava a tenere duro. Saladino, sconvolto dall'apparente empietà del figlio del marchese ma fedele al proprio codice cavalleresco, fece ricondurre l'anziano prigioniero a Damasco. Successivamente Guglielmo fu rilasciato grazie a uno scambio di prigionieri ma secondo alcuni autori non tornò più in Europa; secondo altri attese invece la morte nel proprio Monferrato, dopo essersi fatto monaco come vari altri nobili stanchi di battaglie.

Il suo castello di Taybeh, sommerso insieme a molti altri dalla marea islamica, non fu oggetto di alcun tentativo di riconquista da parte di Corrado, ormai impegnato nella lotta per una posta ben maggiore ossia il trono di Gerusalemme; al quale nel 1192 finalmente giunse, solo per essere assassinato dai sicari della setta del Vecchio della Montagna, forse invitati da Riccardo Cuor di Leone re d'Inghilterra. Questo sovrano era infatti il primo sostenitore di Guido di Lusignano, nemi-

Esempio di prigionia e tortura durante gli assedi: il crociato Rinaldo Porchet, catturato dai musulmani ad Antiochia, subisce il supplizio fino al martirio.

co di Corrado nella competizione per la corona orientale. Quanto all'ultimo figlio di Guglielmo il Vecchio, Bonifacio, alcuni anni dopo sarebbe anch'egli morto nella crociata, la quarta: ma almeno sarebbe caduto sotto le spade nemiche e non per una congiura di palazzo, e con una corona in testa ossia quella di Tessalonica.

## Cesarea: dall'Antichità classica alle guerre della croce

Le memorie cristiane di Cesarea Marittima, così chiamata per distinguerla da "Cesarea di Filippo" ossia Panéas/Banyas, appaiono legate essenzialmente alle leggende, come si riscontra per esempio nella tradizione di una cappella dedicata a san Cornelio (il centurione romano convertito da san Pietro secondo gli Atti degli Apostoli, e presunto primo vescovo della città) e in certi reperti archeologici ritenuti i candelieri di Cristo. Ma a parte queste appropriazioni di un luogo collegato al cristianesimo dalla contiguità geografica senza mostrare tracce significative del passaggio di Gesù, Cesarea fu una città importante sotto re Erode il Grande che vi aveva fatto costruire un grandioso porto, un tempio dedicato a Roma e ad Augusto e altri edifici; gare di cavalli si disputavano nel locale ippodromo durante la prefettura di Ponzio Pilato, che avrebbe legato il proprio nome a un altro momento della propria carriera; l'insieme era completato dall'anfiteatro e da altri edifici, compreso un postribolo. Si trattava pur sempre di una città di mare, luogo di incontri e di scambi favoriti dall'eccellente porto naturale. Come ci raccontano il viaggiatore arabo al-Maqdisi e quello persiano Naris-i-Khusraw, Cesarea era ben fortificata già prima delle crociate; ma tutte queste realizzazioni erano ormai cadenti all'arrivo dei conquistatori occidentali. Costoro la presero per la prima volta nel 1101 con il contributo dei genovesi (contributo celebrato anche su una lapide che venne esposta nella basilica del Santo Sepolcro a Gerusalemme), nel cui bottino finì un catino di vetro verde che alcuni racconti fecero passare come il Graal e che ancora oggi è conservato nel duomo di Genova: secondo alcuni era il piatto usato da Cristo nell'Ultima Cena, secondo altri sarebbe servito anche per raccogliere il suo sangue colante dalla croce, e più in generale fu il centro dell'immaginario cavalleresco bassomedievale. I crociati ripristinarono l'acquedotto romano, ancora oggi visibile, e sfruttarono almeno una parte del vecchio porto erodiano, mentre il precedente tracciato delle mura arabe fu complessivamente ricalcato da quelle dei nuovi occupanti.

Saladino prese Cesarea nel 1187, poco dopo la vittoria di Hattin. Riccardo Cuor di Leone gliela tolse nel 1191 e ne rinnovò le fortificazioni, che il sultano aveva fatto abbattere e che fece abbattere ancora una volta l'anno seguente, come clausola per la liquidazione della terza crociata; quindi l'aspetto attualmente visibile è stato dato alla città e soprattutto al suo castello dalla rifortificazione duecentesca. All'inizio dello stesso secolo alcune delle torri urbane erano affidate all'Ordine teutonico, secondo la crescente necessità di assegnare la difesa dei territori e anche di singoli segmenti delle difese murarie alle sole istituzioni in grado di finanziarsi adeguatamente, vale a dire gli Ordini monastico-cavallereschi.

Furono per l'appunto gli ospitalieri, il re di Gerusalemme Giovanni di Brienne e i crociati del duca Leopoldo d'Austria a erigere nel 1217-1218 nuove difese, subito però semidistrutte a causa di un'incursione avversaria. I nuovi lavori ripresero circa un decennio dopo ma solo durante la settima crociata, tra il 1251 e il 1252, Luigi IX re di Francia li completò, con una campagna edilizia che il suo biografo e compagno di crociata Giovanni di Joinville menziona ripetutamente e che risulta essere stata coronata dall'innalzamento di «buone mura». Nel 1250 il sovrano era stato sconfitto e catturato in Egitto, per poi essere rilasciato insieme agli altri superstiti previo pesante riscatto; nel 1843, quasi 600 anni dopo il disastro dell'armata francese, allo scrittore Gérard de Nerval in transito sul luogo della battaglia (Mansurah, nel delta del Nilo) veniva indicata una collina costituita, sotto lo strato di terra, dalle ossa dei caduti. Luigi, trasferito sotto la custodia della nuova dinastia mamelucca, non voleva lasciare l'Oriente senza aver contribuito alla sua difesa e accolse il consiglio di templari e ospitalieri affinché portasse a termine le nuove fortificazioni di Cesarea; ai relativi lavori il pio monarca partecipò personalmente, e con lui molti altri confortati dalla promessa di remissione dei peccati per chi avesse contribuito in quel modo alla difesa della Terra Santa.

L'aspetto attuale dei resti del castello, il quale chiudeva dal proprio promontorio la parte meridionale del porto, mostra ciò che rimane di 14 torri, assai sporgenti rispetto alla linea della cortina muraria; pure l'accesso occidentale della città è un interessante esempio di ingresso fortificato, con agili arcate gotiche interne che sorreggono le volte di una sala in cui il nemico eventualmente penetrato sarebbe stato bloccato.

Quanto al castello vero e proprio, il patriarca di Gerusalemme e i baroni d'Oltremare si complimentarono con re Luigi per l'opera attuata recando «grandi vantaggi alla Terra Santa». L'aspetto più evidente dei massicci interventi è la pronunciata sporgenza della "scarpa", ossia l'inclinazione delle muraglie esterne dotate di forte pendenza per ostacolare l'approccio delle scale e delle macchine d'assedio; il fossato è di circa 8 metri di larghezza e 5 di altezza, con aperture per favorire le sortite della guarnigione assediata; singolarmente elevato il numero delle feritoie per gli arcieri, accorgimento prevedibile dopo che, in occasione della recente sconfitta egiziana, Luigi aveva visto cadere moltissimi dei propri uomini sotto la famigerata pioggia di frecce islamiche. La preferenza accordata pure a Cesarea alla forma squadrata delle torri, in contrasto con la crescente diffusione di quelle rotonde, si può spiegare con la maggiore facilità di lavorazione delle pietre, caratteristica particolarmente apprezzata in situazioni di relativa emergenza: molti infatti premevano sul re di Francia perché tornasse in patria dopo le incalcolabili perdite di uomini, mezzi e denaro nelle precedenti fasi della settima crociata, e infatti Luigi insistette a propria volta sul fratello Alfonso conte di Poitiers per un sollecito completamento dei lavori. Non fu dovuto invece a urgenza quanto piuttosto alla notoria efficacia del sistema il massiccio impiego di colonne antiche disposte orizzontalmente per dare robustezza alle mura e maggiore stabilità in caso di terremoto; ebbero modo di sperimentarlo gli uomini del sultano mamelucco Baybars lanciati all'assalto di Cesarea nel 1265, la cui azione fu descritta dal cronista Makrizi il quale notò che le colonne furono efficaci contro i tentativi di scavo sotto le mura, alla fine comunque superate dalle ondate umane degli attaccanti: dove non erano riusciti i minatori, prevalsero le catapulte e la superiorità numerica. Completata la conquista, Baybars avviò la distruzione delle difese, portata a termine dal suo successore al-Ashraf ma fortunatamente non in grado di impedirci la constatazione dell'eccellente lavoro svolto anche qui dagli architetti crociati.

# I castelli dei templari

## Athlit: il colosso della Galilea

La zona costiera oggi occupata dalle rovine di Athlit, fra Cesarea e Caifa (oggi Haifa, prima città portuale e industriale d'Israele) fu inizialmente dominio di bande di predoni, insidiose per i pellegrinaggi che dalla Galilea si dirigevano verso i Luoghi Santi della Giudea; ma la via del litorale era di assoluta importanza anche per tutte le altre comunicazioni, da quelle militari a quelle commerciali: quelle stesse vie per la cui protezione sarebbe sorto nei primi decenni del XII secolo l'Ordine dei templari, non casualmente costruttori in questo territorio di uno dei più imponenti castelli di tutto il Medioevo. La possibilità di mantenere agevole il passaggio nord-sud lungo la costa del Mediterraneo era di importanza vitale per gli Stati crociati, anche perché i re di Gerusalemme sarebbero stati spesso costretti a interessarsi della sicurezza dei territori settentrionali, anche quelli – come il principato di

Antiochia, fra Siria e Turchia – non dipendenti direttamente da loro; tale passaggio, inoltre, permetteva di essere assistiti dalle navi che mantenevano il controllo delle acque costiere, dove la poco temibile marina egiziana non osava spingersi quasi mai (gli arabi non si fidavano del Mediterraneo, mare nemico, e preferivano navigare nel mar Rosso e nell'oceano Indiano). Infine, la non lontana città di Acri sarebbe diventata, dopo la sua seconda conquista crociata nel 1191, la nuova capitale del regno di Gerusalemme una volta perdute le speranze di tornare nella Città Santa; e pochissimi anni prima, la caduta dei castelli oltre il Giordano nelle mani di Saladino aveva eliminato le frontiere meridionali del regno, ormai schiacciato contro la costa mediterranea.

Intorno al 1212 un pellegrino scrisse che il capo crociato Raimondo di Tolosa, all'inizio del secolo precedente, aveva fatto costruire una fortificazione sul cosiddetto "Monte dei Pellegrini", tra Caifa e Acri, allo scopo di tenere sotto costante minaccia la vicina Tripoli di Siria; ai difensori musulmani della città fu mandato un incitamento a tener duro, ma il piccione che recava il cartiglio fu preso dai cristiani i quali falsificarono il messaggio riempiendolo di pessime notizie e gli assediati, sconfortati, si arresero.

Nel 1217 i templari e i teutonici, insieme ad alcuni crociati di recente arrivo per la quinta delle grandi imprese dei "guerrieri di Cristo", iniziarono a fortificare contro i predoni locali la località vicina alla costa e denominata «*Districtum* [Destroit], che ora è chiamato *Castrum Peregrinorum* [ossia Castello dei Pellegrini]», come informano, fra gli altri, i cronisti Giacomo di Vitry, Ruggero di Wendover e Matteo Paris, confondendo insieme ad altri autori due fortificazioni vicine (in realtà la seconda sostituì la prima, assai più piccola, il cui nome moderno è Kirbet Dustré: la riconquista delle posizioni crociate fu attuata anche nella lingua). Per alcuni di questi autori la primitiva fortificazione del *Districtum* reca anche il nome di *Petra incisa*, designazione che potrebbe simboleggiare i duecento anni di continue costruzioni e riparazioni dei castelli di Terra Santa: una regione che fu difesa dagli attrezzi dell'edilizia non meno che dalle spade.

Il ruolo dei templari nella difesa anche delle vie di comunicazione si constata anche nel fatto che entrambe le fortificazioni erano di loro proprietà. L'importante strada costiera sorvegliata dal nuovo insediamento militare era significativamente chiamata "via di Gerusalemme", ma è interessante l'aggiunta fatta da Oliviero di Colonia e Ruggero di Wendover, secondo i quali la seconda e più recente fortificazione era destinata a tenere i templari non solo al sicuro dopo la demolizione delle mura di Gerusalemme da parte islamica (1219), ma anche lontani dalla peccaminosa Acri che era irrimediabilmente invasa dalla sporcizia materiale e morale; il castello sarebbe stato anche una stazione di transito, in attesa di poter rientrare nell'incomparabilmente più degna Gerusalemme, dove nel 1187 l'Ordine aveva dovuto rendere ai musulmani la propria sede (la moschea al-Aqsa, fatta riconsacrare all'islam dopo la riconquista). Sembra una stranezza, ma la località che ancora oggi conserva le migliori memorie della Terra Santa crociata, cioè Acri, era per certi aspetti disprezzata nell'epoca della propria massima grandezza. Dal punto di vista delle memorie bibliche essa aveva pochissimo da offrire, a parte, nelle vicinanze, quelle legate al profeta Elia e al passaggio della Sacra Famiglia, ossia elementi secondari della tradizione cristiana. La funzione della città era però essenziale per il porto che accoglieva crociati e pellegrini, sempre meno in grado di raggiungere la Terra Santa lungo le vie di terra balcaniche e dell'Anatolia definitivamente chiuse sin dall'inizio del XIII secolo. Le difese urbane erano eccellenti come testimonia il canonico Wilbrando di Oldenburg, mentre all'imboccatura del porto faceva buona guardia la "Torre delle Mosche", ancora oggi isolata in mezzo alle acque, così chiamata per la convinzione che prima del cristianesimo vi accorressero gli insetti attratti dai resti dei sacrifici di animali. Ma la fama del luogo era soprattutto negativa come capitava facilmente alle città portuali, le quali dal punto di vista sociale raccoglievano un po' di tutto e con spiccata tendenza ad attirare persone dalla vita instabile e dalle abitudini non sempre legali. Anche per questo c'era una tradizione locale: si sospettava infatti che la fortificazione urbana chiamata "Torre Maledetta" avesse ricevuto il proprio nome da un indignato Gesù Cristo (più plausibile che la qualifica fosse nata dalla strenua difesa opposta dai musulmani durante la conquista crociata, nel 1104).

Tuttavia, man mano che la riconquista di Gerusalemme appariva sempre più improbabile, la peccaminosa Acri divenne necessariamente la nuova capitale del regno crociato, sovraffollata anche di autorità progressivamente cacciate dalle terre tornate in mano musulmana: vi si rifugiarono infatti il patriarcato latino, i templari (che non rinunciarono a tenervi la principale sede amministrativa dell'Ordine, trascurando sotto questo aspetto la pur munitissima Athlit), gli ospitalieri, i cavalieri teutonici e poi prelati, baroni, profughi e tutti coloro che avevano perso castelli, chiese, case e terre sommerse dalla controffensiva islamica iniziata con Saladino e proseguita dai suoi successori ayyubidi e mamelucchi. Qui trovò riparo anche la reliquia della Vera Croce, la quale in vista di una possibile cattura da parte nemica (poi effettivamente avvenuta ad Hattin nel 1187) era stata ulteriormente frammentata per dividerne i pezzi fra varie sedi più o meno sicure, e collocata nella nuova sede patriarcale della città settentrionale. Ma ad Acri si creò anche una società mista nella quale, ferma restando la dura superiorità politica dei latini, anche i cristiani orientali godettero di relativa tolleranza, e persino i contadini e i mercanti musulmani avevano facoltà di venire dall'entroterra per vendere i propri prodotti. Tale situazione finì nel 1290, quando una masnada di crociati fanatici, o forse solo incapaci di concepire quella fragile convivenza, ruppe la tregua con uno sterminio indiscriminato, provocando la furibonda reazione del sultano d'Egitto; e nel maggio dell'anno seguente Acri cadde, in un massacro generale e in una fuga disperata verso le ultime navi rimaste nel porto.

Le maestose sale del palazzo degli ospitalieri sono fra le più significative testimonianze rimaste di quell'epoca, ma non meno suggestiva è una visita nelle fondamenta dell'Acri moderna, la quale fu costruita sopra quella crociata che è ormai prevalentemente sotterranea.

Tornando alla situazione di Athlit, va ricordato che la scelta di erigervi un castello così importante implicava, secondo il vescovo di Acri Giacomo di Vitry, l'inconveniente di sottrarre risorse – soprattutto truppe – alla contemporanea campagna nel delta del Nilo; ma i vantaggi parvero superiori, soprattutto per la supposta imprendibilità dell'edificio la cui posizione si faceva apprezzare anche per l'ottimo porto naturale (insieme alle indispensabili sorgenti d'acqua), soluzione ideale per ricevere gli aiuti dall'Europa adesso che il passaggio dei rifornimenti e dei rinforzi era possibile solo via mare. Gerusalemme, poi, non aveva le risorse della Galilea costiera e del suo immediato entroterra, ben fornito di sorgenti e adatto a qualsiasi forma di agricoltura e allevamento; solo questa regione aveva le risorse e le strutture per l'organizzazione delle ultime e scalcagnate offensive contro i territori della non lontana Damasco, come il *raid* templare contro Darbsak del 1237, condotto così male da finire in una sconfitta che creò sgomento anche presso la Curia pontificia. Athlit, nei sogni di chi ancora vagheggiava conquiste, si sarebbe dimostrata poi una vera e propria arma puntata contro il ricco e agognato Egitto quando, nella seconda parte della quinta crociata (1217-1221), il grande castello templare avrebbe vigilato sulla concentrazione di uomini, bestiame e materiali diretti verso il delta del Nilo e che non potevano stare tutti nelle anguste stradine della vicina Acri.

Oliviero di Colonia, testimone oculare, descrive la costruzione del castello sul promontorio difeso dal mare tranne che dal lato sul quale i templari avevano eretto il piccolo complesso fortificato di Destroit; e la prima parte della costruzione sorse sul lato costiero, ossia quello da dove il nemico avrebbe attaccato con le proprie risorse migliori (minatori e macchine) e dove furono innalzate le prime massicce torri e le mura più spesse, un punto di difesa che al termine dei lavori si sarebbe avvicinato ai trenta metri d'altezza. Le torri erano rettangolari: un'anomalia se si considera l'ormai dimostrata superiorità difensiva di quelle circolari con la loro capacità di deviare i colpi delle macchine da lancio e di garantire ai difensori una visuale più ampia. Queste torri di nuova concezione erano conseguenza delle esperienze orientali e potevano essere erette anche in forme semicircolari o a ferro di cavallo. I templari risultano dunque meno innovativi degli ospitalieri, come testimonia anche l'impressionante colosso geometrico costituito dal torrione di Safita in Siria. Gli uomini dell'Ordine, probabilmente con la "collaborazione" coatta dei prigionieri musulmani che normalmente fornivano parecchie delle maestranze dell'edilizia locale (uso praticato anche nell'altro campo, a ruoli invertiti), lavorarono sodo per un mese e mezzo fino a scoprire solide mura di età antica, a dimostrazione che le basi commerciali e le fortificazioni sorgono normalmente negli stessi punti, i quali anche stavolta risultarono beneficiati da sorgenti; i cristiani divennero anche archeologi senza volerlo, visto che nel corso dei lavori riportarono alla luce vasi pieni di monete d'argento non identificate ma che dovevano essere molte, visto che poterono essere usate ancora per le ingenti spese di costruzione nonostante fossero ormai fuori corso da parecchi secoli.

Il nome di "Castello dei Pellegrini", per la maggioranza degli autori alternativo a quello di "Castello del Figlio di Dio" a causa della leggenda della Vergine nascostasi nei paraggi con il piccolo Gesù, nacque dal ruolo dei pellegrini nella costruzione dell'edificio (come ricordano cronisti come Giacomo di Vitry), ma la definizione non deve ingannare: erano "pellegrini" tutti coloro che effettuavano il passaggio in Terra Santa, in nome del principio che aveva dato inizio alla crociata; quest'ultima, per circa un secolo, non fu nemmeno chiamata così e i combattenti erano onorati da qualifiche come "lottatori", "guerrieri" o per l'appunto "pellegrini" di Cristo. Il contributo disarmato alla costruzione o alla riparazione dei castelli non pareva a molti meno meritorio del maneggio delle armi, attività tra l'altro consentita solo a un numero relativamente limitato di uomini; i nobili potevano guadagnarsi il paradiso anche finanziando tali opere edilizie, come nel caso di Gualtiero di Avesnes che proprio ad Athlit aprì con singolare generosità i cordoni della propria borsa. Lo stesso papato trovò buona l'idea, e pochi anni dopo garantì un'indulgenza a coloro che avevano dato elemosine allo stesso scopo. L'importanza dell'iniziativa si vide anche nella rapidità della costruzione, la cui parte principale era operativa nella primavera del 1218, appena due mesi dopo l'inizio della fortificazione del promontorio.

Il primitivo insediamento di Destroit non era stato che un avamposto templare, presso il quale si era accampato nel 1191 l'esercito di re Riccardo Cuor di Leone in marcia verso le battaglie che lo attendevano più a sud; ora invece nei resoconti di testimoni e visitatori il *Castrum Peregrinorum* era «*munitissimum*», «il più grande castello mai posseduto dai cristiani, che tutto il mondo non potrebbe conquistare», inespugnabile e praticamente «nel mare», proteso com'era sul promontorio lungo trecento metri che gli aveva dato la forma. Il lato di terra e della città, a oriente, era dotato di difese più massicce (fossato, muro e tre torrioni); il fossato roccioso largo 12 metri poteva essere battuto dal tiro di arcieri protetti dalle mura e operanti da feritoie sapientemente distribuite; gli accessi erano difesi mediante aree di tiro interne e torri la cui altezza è solo congetturabile (della demolizione di tanti edifici medievali fecero le spese soprattutto questi simboli di potenza); alcune delle torri erano collegate tra loro mediante passaggi ricavati nello spessore delle mura. Ma nell'insieme i resti del castello, i più impressionanti dell'Oriente latino almeno dal punto di vista dello spazio occupato, possono solo far imma-

ginare le misure effettive, essendo l'apparato murario attualmente ridotto a pochi frammenti. Tuttavia, a parte ciò che
sappiamo delle dimensioni dei blocchi di pietra originali, talmente massicci che per ciascuno di essi era stato necessario il
trasporto da parte di un carro trainato da due buoi (un blocco
poteva pesare anche due tonnellate), la posizione indica in
maniera eloquente la sicurezza del luogo, difficilmente attac-
cabile anche dal mare grazie alle rocce del promontorio; e i
musulmani, formidabili sul campo di battaglia, non erano al-
trettanto temibili sul mare, di cui spesso non si curavano dando per scontata – soprattutto sotto la dinastia mamelucca, dal
1260 in poi – la superiorità navale cristiana. Sapevano bene,
del resto, che i guai per i crociati appena sbarcati sarebbero
iniziati una volta spintisi in un interno spesso povero d'acqua
e lontano dalle città della costa, elementi irrinunciabili della
difesa e della logistica. I cristiani ne erano consapevoli, tanto
da rinunciare ripetutamente alla stessa Gerusalemme che era
stata loro offerta in cambio di Damietta in Egitto: quanto
avrebbe resistito al primo attacco nemico la Città Santa, senza
basi arretrate da cui soccorrerla e rifornirla?

I musulmani dimostrarono di avere compreso subito l'importanza di Athlit, base ideale di future spedizioni nell'interno
(come nello stesso esercito crociato si sosteneva), e diedero il
benvenuto ai nuovi occupanti con un attacco ordinato già
nel 1218 da al-Muazzam nipote di Saladino, ossessionato dai
castelli degli invasori occidentali che voleva radere al suolo;
i primi assalti vennero respinti dai templari e l'assedio fal-
lì perché le truppe da schierare intorno alla fortezza erano
state richiamate in Egitto, dove Damietta era stata a propria
volta assediata dai crociati, trasferitisi su quel nuovo fronte

dopo la fallimentare campagna di Galilea. Appena costruito e nemmeno completato, Athlit aveva dunque retto bene a un'altra delle prove alle quali erano normalmente chiamate le guarnigioni dei castelli: tenere impegnate le forze nemiche, costrette a continui spostamenti da un settore all'altro. Al-Muazzam diffidava delle sempre più massicce difese avversarie che poteva paragonare alle più sottili mura dei castelli arabi, e un anno dopo il suo esercito ricomparve sotto le mura di Athlit. Bisognava fare presto: da Oriente giungevano pessime notizie riguardo all'avanzata devastante di un nemico nuovo, ossia i mongoli di Gengis Khan; di questi non si sapeva nulla in campo arabo-islamico, mentre in quello crociato li si scambiava volentieri con le forze annunciate dalla Bibbia e da altre profezie, forze che avrebbero posto fine all'islam secondo previsioni largamente diffuse. I templari furono all'altezza anche di questa nuova sfida: il vecchio forte di Destroit venne smantellato per impedire che il nemico se ne servisse come punto d'appoggio, mentre le truppe di al-Muazzam scavavano freneticamente un fossato tra il castello e le proprie tende allo scopo di contrastare eventuali sortite. Confortante il collaudo delle fortificazioni vere e proprie, le quali – soprattutto il muro esterno spesso quattro metri – assorbirono bene l'urto delle pietre scagliate dalle catapulte, due delle quali furono anzi spaccate dalle non meno efficienti macchine dei templari; e stavolta furono i cristiani a dover far affluire con successo truppe dal campo d'assedio egiziano di Damietta, ma anche da Cipro (occupata nel 1191) e dai feudi del Nord, e un deluso al-Muazzam dovette mollare l'osso.

Un poco alla volta, il luogo diede vita a un insediamento del tipo di quelli che normalmente erano protetti dai vicini castelli, a loro volta sviluppati dalla concentrazione di abitanti in grado, con il proprio lavoro, di rifornire le guarnigioni. Ne conseguiva il parallelo sviluppo di adeguati servizi, come il tribunale, ma soprattutto la massiccia fortificazione si andava arricchendo delle classiche strutture di ogni insediamento templare di un certo rilievo, dove dominavano gli ambienti ampi e sorretti da volte slanciate: refettori, dormitori, edifici per i servizi religiosi (come testimoniano i resti della poligonale chiesa gotica, di dimensioni proporzionate al resto della struttura), tutte costruzioni nuove o costituenti l'allargamento di quelle preesistenti, sempre nel rispetto dell'ispirazione monastica dell'Ordine. Nei castelli non appartenuti a qualche Ordine monastico–cavalleresco, la pur immancabile chiesa interna non aveva la stessa importanza e quindi nemmeno le stesse dimensioni, e i luoghi di culto erano spesso sacrificati alle necessità difensive (destino analogo a quello delle moschee nei castelli dell'islam); l'unica eccezione è Shawbak, dove la chiesa aveva tre navate e un'abside. Tornando ai templari di Athlit, ricordiamo che la collocazione più vicina al mare dei locali destinati alla vita propriamente monastica, era sorta dalla necessità di garantire per quanto possibile la tranquillità del chiostro a questi uomini che avevano poco della mansuetudine raccomandata da san Bernardo (primo patrono dei templari), ma che comunque a quell'ideale tendevano; del resto, l'altro lato del castello era pressoché interamente adibito alla difesa. I tentativi di ricreare l'austerità del chiostro contrastavano con la circolazione di quegli equivoci elementi che un giorno sarebbero stati usati per accusare i templari di condotta empia: è infatti ad Athlit che furono commesse alcune di quelle irregolarità sulle quali i giudici del re di Francia Filippo il Bello, a partire dal 1307, avrebbero costruito ben altro castello, quello delle accuse di idolatria e sodomia le quali avrebbero fatto cadere l'Ordine. Buona parte di queste accuse, mosse da sentimenti lontani dal desiderio di giustizia, ci paiono spiegabili con i rituali di iniziazione di tanti corpi militari di élite e con qualche forma di culto inizialmente legittima ma in seguito stravolta e fraintesa, forse volutamente. Ebbero un certo peso anche le esperienze dei templari precedentemente catturati e sottoposti a prove brutali per rinnegare la fede cristiana: forse certi violenti rituali di ammissione, come l'invito a sputare su un crocifisso, sarebbero stati introdotti per verificare la resistenza delle reclute in quell'eventualità.

Verso la fine degli anni Venti del XIII secolo la sicurezza del castello fu compromessa dal primo dei crociati, ossia

Rogo degli ultimi templari, 18 marzo 1314. L'ultimo maestro dell'Ordine, Giacomo di Molay, prima di morire avrebbe maledetto la monarchia di Francia dando origine a una leggenda: la Rivoluzione Francese e la condanna di Luigi XVI avrebbero costituito la realizzazione di quelle ultime parole.

l'imperatore Federico II di Svevia. Costui, atteso con ansia per anni come riconquistatore di Gerusalemme ma scomunicato da papa Gregorio IX per le proprie presunte esitazioni prima di salpare per l'Oriente, vi era giunto lo stesso nonostante la condanna e si era introdotto nella fortificazione reclamandola per sé in quanto re di Gerusalemme (in virtù del proprio matrimonio con Jolanda, figlia del suo predecessore Giovanni di Brienne); ma i templari, fedeli al Papa e, al pari dei francescani schieratisi nello stesso modo, esposti alle rappresaglie del sovrano al quale poco prima avevano "baciato le ginocchia" sperando che si riconciliasse con la Chiesa e liberasse la Città Santa, fecero sapere all'imperatore che se avesse insistito con quella pretesa lui da lì non sarebbe più uscito, e lo Svevo lasciò perdere. L'atteggiamento templare è comprensibile: Federico aveva ottenuto dal sultano d'Egitto la restituzione di Gerusalemme e altre parti del regno conquistáte quarant'anni prima da Saladino, ma nell'intesa non era stata ammessa la spianata del Tempio nella stessa Città Santa, con la moschea al-Aqsa già sede centrale dell'Ordine. Quest'ultimo aveva dunque un motivo in più per schierarsi contro il sovrano al quale non restò, davanti all'ostilità non solo templare, che tornare ad Acri da dove si imbarcò per l'Europa "mandando al diavolo" l'Oltremare, mentre gli abitanti bersagliavano lui e il suo corteo di escrementi e frattaglie fornite con entusiasmo dalle locali macellerie.

Negli anni seguenti, la costruzione di Athlit mostrò di essere stata una decisione saggia: in seguito alla sconfitta di La Forbie ai confini con l'Egitto (1244), nella quale lo stesso maestro templare Ermanno di Périgord era scomparso, i nemici devastarono le campagne della regione ma non osarono

attaccare la fortezza, la quale rimase un confortante punto
d'appoggio anche durante la settima crociata: infatti nel 1249
san Luigi IX re di Francia la scelse per farvi partorire la propria
consorte Margherita, il cui figlio Pietro ebbe come padrino
il successore di Ermanno, Riccardo de Bures. La successiva
catastrofe dell'impresa non coinvolse Athlit, di cui il trattato
di pace del 1250 confermò la permanenza in mano cristiana,
insieme alla parimenti importante Safed. Inoltre Athlit ricevette le attenzioni edilizie di Luigi il quale, liberato dalla prigione egiziana dove era stato a un passo dall'essere sgozzato
dai nemici (da lui affrontati eroicamente), rinforzò le difese
del castello; ma quest'ultimo fu coinvolto nell'ennesimo contrasto fra cristiani, in particolare la guerra tra veneziani e genovesi. Naturalmente non erano per questo cessate le insidie
del nemico abituale, ossia l'islam; e intorno alla metà del XIII
secolo il monaco inglese Matteo Paris, voce stonata in mezzo
a tanti inni alla solidità di Athlit, annotava freddamente che
per chi viveva all'ombra di quei possenti bastioni la sensazio-
ne dominante era piuttosto quella di una prigione, sempre
meno raggiungibile dagli ormai rari soccorsi occidentali, e
nella quale non si poteva fare altro che aspettare il prossimo
assedio. In quel periodo, e nel successivo, gli attacchi furono
lanciati soprattutto dal terribile Baybars, anche lui deciso a
spazzare via i castelli crociati o almeno a occuparli (il che
non faceva molta differenza per gli sventurati eventualmente
trovatisi al loro interno al momento della capitolazione); ma
nel 1265 e nel 1266 egli dovette limitarsi a devastare i dintorni agricoli, nell'impossibilità di aggredire il castello dal mare,
dove sapeva di essere debole e dove Athlit era difesa dalle rocce che impedivano di scavare tunnel sotterranei, tradizionale

tecnica negli assedi. All'inizio degli anni Settanta il principe inglese Edoardo Plantageneto, sfruttando la popolarità e il rispetto che il suo antenato Cuor di Leone aveva riscosso quattro generazioni prima, ottenne proprio fra le mura di Athlit la fedeltà dei baroni locali, ma la sua impresa non fu che una razzia ben comandata e dagli obiettivi limitati, che nemmeno i nemici presero eccessivamente sul serio: Baybars, il quale non perdeva occasione per aggredire in qualsiasi maniera, dedicò il proprio sarcasmo alla sterile aggressione di Edoardo contro la modesta fortificazione di Qaqun (non così modesta forse, visto che alla fine del XVIII secolo il castello, divenuto ottomano, tenne duro persino contro Napoleone). L'Europa non credeva più alla crociata, a parte le ultime illusioni cavalleresche e l'entusiasmo che la predicazione e le esortazioni papali potevano ancora suscitare fra persone tuttora mosse dall'ideale o anche dalle incerte prospettive in patria; le ultime posizioni cristiane erano costituite da esili strisce di territorio costiero, e aiuti ben più efficaci si attendevano dai mongoli, i quali negoziavano con le diffidenti potenze latine d'Oltremare per un'alleanza che stritolasse il fronte mamelucco siro-egiziano. Quest'ultimo, da parte sua, continuò a tenere in conto Athlit e, dalla posizione di forza anche diplomatica in cui il sultanato si trovava, fu imposto ai templari di limitare la fortificazione del territorio antistante al proprio castello. Questo ebbe un po' di respiro finché i mamelucchi dovettero vedersela con i successori di Gengis Khan, ma quando i mongoli ebbero concesso una tregua anche la sorte di Athlit fu segnata: prima della fine dell'estate del 1291, mentre una dopo l'altra cadevano le restanti fortificazioni latine e soprattutto la vicina capitale Acri, Athlit a cui Oliviero di Colonia aveva augurato di venire difesa dagli angeli «sino alla fine dei tempi», fu abbandonata senza lotta e gli ultimi templari si ritirarono a Cipro; non immaginavano comunque che la vera fine per loro stava avvicinandosi da Occidente, ossia da quella monarchia francese che qualche anno dopo li avrebbe processati, perseguitati e dispersi.

Tornata all'islam, Athlit subì un parziale smantellamento per il timore che i crociati tornassero e rifortificassero il sito, e in effetti per alcuni anni i templari e gli altri combattenti cristiani avrebbero dato ancora filo da torcere ai mamelucchi della costa; gli archeologi scoprirono, nel corso delle prime indagini, i segni impressi dalle fiamme demolitrici. Visitatori di epoca moderna fecero in tempo ad ammirare i segni della passata imponenza del castello, troppo ben costruito per non lasciare tracce della propria grandezza, progressivamente ridotta dall'uso delle rovine come cava di blocchi di pietra destinati ai nuovi cantieri di altre città (e periodici terremoti a parte). Il luogo fu quasi del tutto abbandonato, destino condiviso con varie altre località del litorale: i mamelucchi, infatti, non vollero lasciare a eventuali nuove crociate alcun appiglio e ormai da tempo avevano preferito concentrare le difese lungo linee più interne rispetto a quelle costiere.

## Il "Guado di Giacobbe": la provocazione e la vendetta

Nel 1178 i templari iniziarono la costruzione di un castello sul Giordano nell'alta Galilea, nella località chiamata "Guado di Giacobbe" (*Vadum Jacob*) o Chastellet; la scelta del luogo era stata suggerita dall'opportunità di controllare da lì una delle strade che collegavano Damasco al Cairo. Le rovine del castello, la cui demolizione sistematica ci ha lasciato poco oltre al muro perimetrale di concezione concentrica, si presentano oggi come una sorta di Pompei crociata, in quanto ciò che vi si trova corrisponde perfettamente alla condizione del sito il giorno della sua caduta (30 agosto 1179): il principale bottino dell'archeologo è infatti costituito, a parte i resti di scheletri recanti i segni dei colpi di spada, da punte di freccia, trovate ancora conficcate fra i resti dei cavalli che ne furono trafitti, insieme a monete e utensili per la lavorazione delle massicce pietre dell'edificio, che al momento del primo e ultimo attacco ricevuto era ancora in costruzione.

La norma del castello nuovo già esistente a metà grazie alla parziale demolizione e al recupero di quello precedente, trova al "Guado di Giacobbe" una delle sue applicazioni più estreme: infatti una parte delle mura poggia sui resti di una fortificazione ellenistica degli ultimi secoli prima di Cristo. L'edificio crociato rimase incompiuto, ma gli architetti e gli operai avevano lasciato a Saladino molto da distruggere: doveva trattarsi di un edificio imponente, almeno a giudicare dalle mura il cui spessore si può misurare fra i 4 e i 6 metri e che vennero erette soprattutto con solide pietre basaltiche, preferite nei settori più vitali a quelle calcaree locali che, per la propria porosità, rimanevano facili da lavorare ma anche da spaccare a colpi di proiettili da catapulta (sebbene se ne conoscessero già allora talune varietà di singolare robustezza).

Il castello fu reso operativo in sei mesi, risultato notevole se si considera che quello, anch'esso templare, di Safed richiese due anni e mezzo di lavoro; la differenza cronologica va spiegata con l'urgenza, trattandosi di una fortificazione eretta in territorio nemico e dalla spiccata vocazione offensiva, fattore che la esponeva a immediate contromisure (le quali infatti non si sarebbero fatte attendere). Lo schema generale ripete la forma squadrata, con quattro torri angolari; ci vollero, secondo un conteggio effettuato presso la corte di Saladino, 20.000 pietre del valore di quattro monete d'oro ciascuna. Ma nonostante tanto impegno la costruzione fu interrotta dall'attacco fatale.

L'iniziativa di erigere un castello in quel punto costituiva una provocazione per Saladino, forse anche perché la memoria del luogo legata al patriarca Giacobbe era venerata anche dai musulmani, i quali inoltre in quello stesso territorio avevano conseguito una vittoria nel non lontano 1157 e non potevano vederne offeso il ricordo dalla nuova fortificazione nemica. In più, questa rappresentava per loro un'insidia: una cronaca coeva ci fa infatti sapere che il castello fu costruito «in territorio musulmano», in un punto normalmente utilizzato per guadare il Giordano, e il luogo così trasformato venne prontamente chiamato "nido delle infelicità" dai musulmani. Invano nella prima metà del 1179 il sultano offrì al re di Gerusalemme Baldovino IV 60.000 e poi forse 100.000 monete d'oro in cambio della demolizione dell'edificio, mentre secondo un'altra fonte egli stesso rinunciò allo scambio dopo essersi convinto che sarebbe valsa la pena di investire piuttosto la stessa somma per reclutare un nuovo esercito e assestare agli odiati templari una batosta memorabile. Tanto più che la decisione di fortificare il sito era stata presa in violazione di un esplicito impegno a lasciare smilitarizzato quel passaggio del Giordano, e non era consigliabile venir meno alla parola data se a riceverla era stato Saladino, nemico pericoloso ma prima di tutto uomo d'onore. Fu così che nell'agosto del 1179, dopo un primo tentativo effettuato in primavera, il castello del *Vadum Jacob* fu investito da un attacco di violenza inaudita: avendo accolto il consiglio di un emiro che aveva suggerito di puntare sulla velocità, sondare le difese e concentrare immediatamente gli sforzi sul punto ritenuto più debole lasciando le macchine da lancio come riserva, Saladino mandò avanti le fanterie; uno degli attaccanti fu il primo a salire sulle mura, seguito dai compagni, mentre i difensori ripiegavano all'interno, dove contavano di tenere duro fino all'arrivo dei rinforzi. I genieri del sultano scavarono un tunnel sotto una delle torri riuscendo a farla crollare fra le acclamazioni dei loro compagni, nonostante la resistenza opposta dalla struttura sapientemente edificata e uscita vittoriosa da un primo tentativo di minamento; bisognava fare in fretta, prima che come normalmente accadeva i cristiani riuscissero a formare una colonna di soccorso contro la quale gli assedianti si sarebbero trovati in difficoltà e che infatti si era messa in marcia da Tiberiade alla notizia dell'assalto. Saladino vinse la propria corsa contro il tempo: dopo cinque giorni, ossia prima dell'arrivo dei rinforzi, il castello cadde, con il suo eccezionale bottino di armi e prigionieri islamici liberati. A questo punto Saladino mostrò un aspetto di sé che, se fosse stato noto a Dante, avrebbe forse impedito il trattamento onorevole che il sultano riceve nell'*Inferno*: infatti, trattandosi di un castello eretto in violazione di accordi, la richiesta di resa condizionata fu respinta e mentre alcuni dei difensori vennero imprigionati, i templari catturati furono segati in due, dopo che molti di essi si erano suicidati lanciandosi dalle alte mura del castello per non cadere vivi nelle mani di Saladino – questi raramente concedeva clemenza a quel genere di prigionieri, compresi i "turcopoli" ossia gli ausiliari orientali che ai suoi occhi erano traditori, soprattutto se musulmani o convertiti –; lo stesso comandante del castello si gettò tra le fiamme, e il fumo dell'incendio fu visto dai cristiani di Tiberiade ai quali non servì altro per capire che ormai la missione di soccorso non occorreva più. Sotto gli occhi dell'ambasciatore del conte di Tripoli, invitato in tale modo a meditare sulla fine di chi violava la volontà del sultano, i cadaveri dei difensori furono gettati in una cisterna, dalla quale pertanto si diffuse una pestilenza che indusse il sultano ad abbandonare l'area. Cominciava allora la guerra dei poeti epici, fra i quali primeggiò il rinomato Nachou ed-Din il quale celebrò la vittoria sulle «croci spezzate» del nemico; minore slancio lirico ma certamente alto compiacimento compariva nella relazione inviata da Saladino al califfo di Baghdad, nel cui nome conduceva la propria riconquista.

## Safed: il castello dei martiri

Safed in Galilea è un esempio di castello ricostruito anche per rianimare la vita civile della regione, favorita dalla disponibilità d'acqua del vicino lago di Tiberiade e piuttosto prospera nel Medioevo; oltre ovviamente all'opportunità di disporre di una fortezza che facesse da "scudo" della cristianità a difesa dello strategico porto di Acri e anche da base offensiva da cui aggredire il territorio della nemica Damasco. Anzi, si prevedeva che il sultano locale non avrebbe potuto nemmeno disporre delle risorse agricole dell'area, esposta alle insidie dei templari del nuovo castello. D'altra parte, tale situazione era conseguenza di una realtà sempre più evidente: solo gli Ordini monastico-cavallereschi avevano le risorse per la costruzione, la manutenzione e la difesa delle possenti rocche erette per proteggere ciò che restava dei territori in mano crociata e ospitare i raccolti e le popolazioni per le quali queste fortezze erano l'unica tutela in caso di attacco nemico. Neppure per questi uomini, tuttavia, la situazione era facile: è del 1221 la notizia della diffusa preoccupazione circa la difesa di qualsiasi castello, davanti al fronte islamico siro-egiziano dimostratosi efficace contro la quinta crociata appena fallita.

La fortezza di Safed è un edificio a sperone ma con due cinte difensive (quindi con caratteristiche simili pure a quelle dei castelli concentrici), con un sistema di fossati scavati nella roccia per una profondità di 15 metri e una larghezza di 13. Sapiente fu anche qui lo sfruttamento delle difese naturali: l'edificio sorgeva «in altissimo monte», avrebbe annotato il pellegrino Giacomo da Verona molti anni dopo la sua caduta in mano islamica, e un'altra fonte aggiunge che la posizione era stata resa «inaccessibile e inespugnabile». Alcune mura del castello raggiungevano i 40 metri di altezza, completando la cinta esterna di "appena" 22, e le sette torri principali arrivarono a sfiorare i 50 (il record fra i castelli di Terra Santa), una scelta architettonica che sapeva anche di avvertimento ad amici e nemici, comunque indispensabile per l'avvistamento e avvantaggiata ulteriormente dall'altitudine del sito. Vicino al torrione eretto dopo la riconquista islamica furono create ampie cisterne (riserva d'acqua durante gli assedi), e una di esse fu ricavata sotto la rocca: infatti «nulla fa cadere un castello più dell'intollerabile aggressione della sete», aveva sentenziato nel 1105 Baldrico de Borgueil dopo la prima crociata, oltre a ricordare che un'incursione cristiana sotto le mura di Tripoli di Siria aveva destato nel nemico estremo rammarico non solo per i compagni uccisi ma anche per il sangue che, finito nelle cisterne, aveva reso imbevibile la preziosa acqua in esse raccolta. La sovrapposizione delle architetture mamelucche a quelle crociate ha creato un impasto archeologico di ardua comprensione ancora oggi, sebbene il massiccio torrione sia certamente opera degli ultimi padroni mamelucchi; in realtà, a partire dalla prima occupazione crociata e fino alla sua caduta nel 1266, il sito fu oggetto di un'inestricabile sovrapposizione di strati, fra i quali le trovate degli architetti mescolavano rimozione, completamento e miglioramento. La posizione del castello, precedentemente occupata da imprecisate fortificazioni arabe (ma Giuseppe Flavio vi pone edifici militari già durante la rivolta antiromana del 66 d.C.), fu scelta non lontano dal Giordano, per controllare la pianura ai piedi delle montagne dell'alta Galilea e la strada fra Acri e Damasco nonché gli accessi regionali al mare. Pare addirittura che nel XIII secolo la riedificazione del castello di Safed fosse temuta ancora prima che a Benedetto d'Alignano vescovo di Marsiglia venisse alcuna idea al riguardo, visto che a Damasco si pensava che tale malaugurato evento avrebbe esposto al rischio la stessa capitale siriana. La prima fortificazione cristiana era stata fondata nel 1102 da Ugo di St. Homer cavaliere di Tancredi d'Altavilla; un secondo muro, più esterno, fu aggiunto in seguito. Safed fu dei templari dal 1168, altro caso di rinuncia da parte della corona gerosolimitana a una fortezza che solo gli Ordini monastico-cavallereschi potevano mantenere. Perso nel 1188, rinforzato nel 1192 dai nuovi padroni, parzialmente demolito nel 1218-1219 quando si temeva che la quinta crociata riportasse la croce in Galilea e restituito ai cristiani nel 1240, il travagliatissimo luogo fu riacquisito dai templari che lo modificarono profondamente, sfruttando secondo la consuetudine anche il lavoro dei prigionieri arabi. Le parti risalenti al XII secolo sono pressoché scomparse, anche a causa della ricostruzione successiva al 1240; pure i mamelucchi, dopo la conquista islamica definitiva (1266), effettuarono lavori di potenziamento che fecero dell'edificio un vero e proprio "castello doppio", soluzione evidenziata dal potenziamento delle difese su ordine del sultano Baybars; è di questo periodo l'aggiunta del tozzo e massiccio torrione cilindrico alto originariamente oltre 50 metri e con un diametro di 35. Esso fu integrato con la consueta cisterna identificata – come dimostra la posizione adottata – con la sopravvivenza del punto estremo della difesa. Si tratta di una lezione ricavata dallo studio dei castelli cristiani, dove la rocca era un elemento caratterizzante: in realtà i castelli musulmani si dotarono di rocche solo in qualche caso e senza integrarle nel sistema difensivo generale. L'edificio templare, definito «fortissimum» nella lettera di un monaco, fu comunque assai più grande di quanto possano indicare le rovine attualmente visitabili, e poteva ospitare una guarnigione di oltre 2.000 uomini fra templari e truppe ausiliarie orientali; nel Basso Medioevo le osservazioni di alcuni viaggiatori permisero di tramandare la notizia di un aspetto ancora imponente nonostante la demolizione, e il pellegrino Burcardo del Monte Sion ricorda la caduta della fortezza «a danno di tutta la cristianità».

Fra gli elementi decorativi più importanti spicca un leone fatto scolpire dal sultano Baybars conquistatore di Safed, un'immagine simile a quella del castello di Nimrud: era abitudine del sultano, infatti, diffondere questo simbolo per ricordare a tutti la propria autorità, a maggior ragione se il castello in questione era stato conquistato sotto il suo comando. Egli tuttavia non si limitò a lasciare i segni dei propri successi; oltre alla distruzione della statua di san Giorgio (santo guerriero, particolarmente caro alla cultura della guerra santa cristiana) a cui i templari avevano dedicato l'edificio e che fu sostituita da un *mihrab* (la nicchia indicante la direzione di La Mecca), sono attribuibili al sovrano mamelucco alcuni dei maggiori lavori di riparazione e rafforzamento della seconda metà del XIII secolo, i quali hanno malauguratamente − per l'archeologo moderno − completato la rimozione o la copertura di quasi tutte le parti

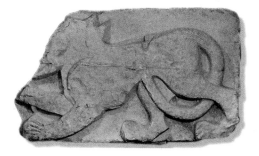

Il leone fatto scolpire sui palazzi e sui castelli dai principali sultani, in particolare l'ayyubide Saladino e il mamelucco Baybars, ricordava l'autorità dominante, spesso la stessa che aveva conquistato o fortificato quella posizione. Il simbolo è attestato, fra gli altri casi, nel castello di Sadr nel Sinai e in quelli di Safed (cfr. immagine) e Nimrud in Galilea.

realizzate nel secolo precedente. La qualità della costruzione fu nuovamente apprezzata nel corso delle ulteriori vicissitudini della Terra Santa, comprese le rivolte antiturche dei secoli XVII–XVIII e l'occupazione napoleonica di Safed alla fine del XVIII secolo; queste vicende, pur contribuendo a dimostrare l'importanza del sito e del castello, causarono anche ulteriori lavori di riparazione e potenziamento a scapito dell'aspetto originale. Il terremoto del 1837 provocò migliaia di morti, abbatté mura plurisecolari e impose l'abbandono dell'edificio, degradato a miniera di materiali edilizi per altri cantieri della zona; cominciava allora, sulla scia delle descrizioni dei visitatori soprattutto occidentali, la questione della distinzione delle parti crociate da quelle templari, parimenti separando queste prime strutture dagli interventi effettuati dopo la perdita definitiva del castello da parte cristiana. Gli ultimi combattimenti per Safed risalgono alla prima guerra arabo-israeliana del 1948. Assedi, incuria e disastri sismici impediscono di avere un'idea precisa della fortezza, nonostante le importanti campagne di scavo e recupero.

Nel 1157 le mura di Safed accolsero il re di Gerusalemme Baldovino III appena sconfitto lungo le rive del Giordano, a dimostrazione di uno dei non secondari scopi della presenza di castelli nelle aree più contese (situazione in cui si trovavano spesso le varie regioni del regno, privo di frontiere sicure e presidiabili in tutta la loro lunghezza). Dopo la conquista da parte di Saladino nel 1188, nel 1218-1219 Safed fu parzialmente demolito quando sembrò che i crociati, che avevano già tentato di penetrare in Galilea nel 1217, fossero sul punto di riprenderla. I templari trasformarono i miseri ruderi, fra i quali erano sopravvissuti almeno i basamenti di alcune delle torri la cui demolizione completa sarebbe stata eccessivamente costosa, in una meraviglia dell'arte militare su insistenza di Benedetto di Alignano, il quale convinse il maestro templare Ermanno di Périgord della necessità di ristabilire un forte presidio in alta Galilea. Nel 1240, giunto fra i ruderi appena restituiti ai cristiani, Benedetto si occupò personalmente dei lavori e piantò la propria tenda dove prima sorgevano la sinagoga e la moschea, anche per far capire che Safed sarebbe tornata a essere non solo un caposaldo difensivo ma anche un centro di irradiazione della fede cristiana in un territorio ridiventato terra di missione; benedisse la prima pietra sulla quale pose simbolicamente una coppa d'argento contenente il denaro della prima offerta per la ricostruzione, la quale fu completata in quasi tre anni. Ma Benedetto, ripartito prima di poter assistere alla costruzione della seconda cinta muraria e di altre parti dell'edificio, poté contemplare il risultato della propria opera vent'anni dopo, quando tornò nella Terra Santa minacciata ormai anche dai tartari: poté vedere nel castello una rocca pressoché imprendibile e di difficile accesso già lungo gli accidentati percorsi esterni, eretta con blocchi di pietra di dimensioni mai viste, dotata di copiose riserve idriche grazie alle voluminose cisterne, rifornita anche dalla pesca nel lago di Tiberiade e da una sorgente controllata dai difensori. Una guarnigione anche ridotta sarebbe stata in grado di impegnare intorno al castello molti assedianti; mulini interni avrebbero garantito la produzione di generi alimentari e una relativa autosufficienza nei periodi duri. Le parti risalenti al XII secolo non sono recuperabili, sommerse sotto le opere successive, ma pure i mamelucchi, una volta subentrati, effettuarono lavori di potenziamento conformi alla scuola di pensiero "concentrica".

Nel 1266 Baybars mandò un imprecisato regalo ai difensori del castello per ingraziarseli in vista di una trattativa, ma quelli glielo restituirono tramite un lancio di catapulta ben mirato, facendogli giurare su Maometto che avrebbe lavato l'onta. Safed era difeso sia dai cavalieri del Tempio propriamente detti sia dai sergenti dell'Ordine, magnifici combattenti che non avevano però formulato i voti completi; a questi si aggiungeva una quantità non specificata di mercenari: in tutto 2.000 uomini contro 100.000, secondo un cronista, cifra esagerata anche se la superiorità numerica restava generalmente islamica. Dopo la consueta azione fatta con diluvi di frecce, macchine d'assedio e gallerie sotterranee, il barbacane, ossia il bastione esterno, fu preso ma il sultano vi vide morire troppi dei suoi uomini: fece quindi sapere alla guarnigione che i membri della medesima avrebbero avuto facoltà di allontanarsi, ma solo se di origine orientale (gli Ordini militari e il regno di Gerusalemme usavano con profitto ausiliari locali, non sempre affidabili ma eccellenti conoscitori del terreno e delle tecniche del nemico). Era un tentativo di dividere i difensori e infatti ottenne l'effetto di creare discordia nel castello, al cui interno − essendo evidente l'impossibilità di ricevere soccorsi − si decise di mandare il sergente Leone, che parlava arabo, a chiedere che il salvacondotto fosse esteso a tutti. Baybars, il cui spergiuro è confermato anche da fonti arabe sebbene lo storico cairota Makrizi accusi i cristiani di avere cercato di sottrarre alle perquisizioni i beni più preziosi, finse di concederlo; ma una volta rimasto solo con Leone gli disse che non avrebbe rinunciato alla propria vendetta e che il sergente avrebbe fatto bene, se non voleva morire tra mille tormenti, a mentire al resto della guarnigione promettendo a nome del sultano che quest'ultimo avrebbe onorato i patti. Leone si piegò (poi avrebbe abbracciato la fede islamica) e gli sventurati si consegnarono con tutte le armi e i beni, certi che sarebbero stati accompagnati fino alla vicina Acri. Baybars era giunto a far confermare la promessa a un proprio emiro che gli somigliava, portatosi fin sotto le mura; messosi così a posto con la coscienza, il sultano fece decapitare i prigionieri templari insieme a quattro francescani dei quali ci sono noti solo Giacomo del Puy e Geremia da Genova. Erano stati mandati a Safed per assistere i difensori e incitarli alla difesa e al rifiuto dell'abiura, loro proposta in cambio della vita; scorticati e fustigati direttamente sulle carni così esposte, prima della decapitazione, i due frati incontrarono il martirio insieme al priore templare mentre il sangue degli altri prigionieri scendeva dal colle «come un torrente», scrive il francescano Fidenzio da Padova basatosi sulla testimonianza di uno dei pochissimi superstiti. Sui corpi, secondo le cronache, splendette a lungo una luce vista da cristiani e musulmani; ma Safed rimase un monumento alla prassi di Baybars, che l'anno seguente fece esporre alle mura del castello le teste di 500 vittime della sua incursione nel territorio di Acri, teste che rimasero appese «per tanto tempo quanto durò la corda», come raccontano i testi. Le brutalità erano reciproche e, per quanto orripilanti, corrispondevano ai dettami della guerra psicologica: nel 1096 i crociati avevano cercato di colpire il morale dei difensori di Nicea catapultando nella città assediata le teste dei nemici. Meno cruenta l'intimidazione tentata dai cristiani nel 1177, quando avevano mostrato ai difensori del castello di Harim la tenda del sultano Saladino, finita nel bottino della recente battaglia di Montgisard.

La qualità del castello di Safed fu apprezzata dal nuovo padrone, il quale ordinò immediatamente che lavori di riparazione e una guarnigione adeguata restituissero al luogo l'efficace funzione precedentemente ricoperta a vantaggio del nemico cristiano. Della nuova sistemazione della struttura la parte più impressionante è ciò che resta del massiccio torrione mamelucco, il quale a differenza delle rocche dei castelli crociati costituisce una fortificazione autonoma. D'altra parte, nell'islam medievale la costruzione dei castelli aveva un significato diverso rispetto all'Occidente europeo da cui erano partite le crociate: per un principe arabo la difesa di una posizione stava essenzialmente nella qualità dei difensori più che nelle dimensioni delle mura e delle torri; il castello era il più delle volte un palazzo dall'aspetto più marziale del consueto e, a parte alcune realizzazioni come la mirabile fortezza di Palmira, gli architetti arabi diedero il meglio in altri generi di costruzione, limitandosi a prendere dai nemici solo qualche idea. Erano del resto i crociati ad avere sempre più bisogno di mura massicce dietro le quali ripararsi, e i resti di quelle di Safed continuarono a richiamare l'attenzione di molti visitatori anche dopo la caduta del castello: intorno al 1285 Burcardo del Monte Sion scrisse di non avere mai visto una fortezza più imponente, e una generazione dopo Giacomo da Verona ebbe impressione analoga, rammaricandosi per la perdita della fortificazione «a causa dei nostri peccati»; negli stessi anni giunse il tedesco Guglielmo di Boldensele il quale, avendo già visitato il Kerak di Moab oltre il Giordano, non poté che assegnare a Safed il secondo posto nella propria personale classifica dei castelli più imponenti.

# I castelli degli ospitalieri

## Belvoir: il chiostro da guerra

Secondo alcune testimonianze, già nel proclama di Clermont con il quale papa Urbano II aveva bandito la prima crociata (1095), nonché nelle ultime parole del vescovo Ademaro di Le Puy rappresentante dello stesso Pontefice presso i crociati, l'amore verso i poveri era stato indicato agli orgogliosi baroni quale indispensabile completamento dell'azione strettamente militare: un filo conduttore non sempre evidente nella storia del movimento crociato, che nondimeno c'era e può spiegare la maggiore durata delle istituzioni che avevano combinato guerra e assistenza, come per esempio l'Ordine giovannita ancora oggi attivo con il titolo di "Ordine di Malta". La sua vocazione di carità precedette di vari decenni la militarizzazione, un'evoluzione che presenta i caratteri di un adattamento alla situazione dell'Oriente latino nel XII secolo. Va chiarito subito che per "ospedale" non si intendeva soltanto la sede di somministrazione di cure mediche, ma anche quella dell'assistenza ai poveri e ai pellegrini: categorie spesso coincidenti e molto vaste nelle società dell'Oriente latino medievale, dove moltissimi giungevano assai malconci dall'Europa per affrontare nuove fatiche e nuovi pericoli. Persino Carlo Magno, trecento anni prima delle crociate, aveva preso sotto la propria tutela alcune fondazioni caritative gerosolimitane con il consenso del califfo di Baghdad Haroun al-Rashid, e nel corso dell'XI secolo alcuni italiani di Amalfi avviarono vicino al Santo Sepolcro le opere di bene che un giorno sarebbero state la missione dell'Ospedale di S. Giovanni e che iniziarono sotto il segno della Regola benedettina, successivamente sostituita da quella agostiniana. Nel 1113 papa Pasquale II riconobbe la nuova istituzione, che almeno dal 1136 risulta operativa anche sul piano militare con l'acquisizione del castello di Beit Gibrin, donato dal re Folco d'Angiò e destinato a controllare le aree agricole circostanti e a vigilare sull'ancora musulmana Ascalona, che sarebbe caduta nel 1153; il primo maestro della nuova istituzione fu Raimondo di Le Puy.

Le critiche per questa soluzione ibrida, che mescolava due scelte di vita (monastica e cavalleresca, con l'aggiunta delle opere di carità) che la società medievale tendeva a separare, non mancarono neppure per gli ospitalieri come già avevano colpito i templari: a parte le lamentele del clero di Terra Santa, il quale rimpiangeva i tempi nei quali l'Ospedale obbediva al patriarcato latino di Gerusalemme, nel XIII secolo il monaco inglese Matteo Paris denunciava che entrambi gli Ordini «raccolgono dall'intero mondo cristiano una quantità di redditi, che per la sola difesa della Terra Santa divorano e gettano nella voragine di un baratro inesauribile», affermazione che privile-giava la guerra rispetto alla carità. Talvolta la voglia di "mena-re le mani" prendeva il sopravvento anche fra questi uomini, come quando nel 1191 le continue provocazioni della caval-leria leggera di Saladino indussero alcuni ospitalieri a rompere l'inquadramento della colonna in marcia verso Arsuf e a sca-tenare una carica che si portò dietro il resto della cavalleria cristiana ansiosa di non restare indietro, compreso il re d'In-ghilterra Riccardo che aveva ordinato il massimo autocontrol-lo per eludere le abituali provocazioni del sultano. In fondo, sempre di cavalieri si trattava. Ma persino in campo nemico si sapevano fare le opportune distinzioni: lo stesso Saladino riservava talvolta clemenza per i prigionieri dell'Ordine ospi-taliero. Non è casuale che quando, alla fine dello stesso seco-lo, papa Innocenzo III volle dare un inquadramento al nuovo Ordine dei cavalieri teutonici, precisò che costoro avrebbero ricevuto dai templari la normativa militare e dagli ospitalie-ri quella per le attività assistenziali: infatti nei testi i templari appaiono definiti più spesso *milites*, ossia "guerrieri", in con-trapposizione agli ospitalieri chiamati preferibilmente *fratres*; inoltre alla Regola templare fu progressivamente allegato un vero e proprio manuale della cavalleria di centinaia di articoli che regolavano uso degli equipaggiamenti, disposizione nello schieramento, tecniche di combattimento, ruoli della catena di comando, insomma la struttura militare dell'istituzione, mentre nella normativa degli ospitalieri i riferimenti bellici sono raris-simi e ci si sofferma molto di più sul dovere di prodigarsi per i «signori malati», ai quali si doveva fornire ogni cura (comprese le pantofole nei luoghi di ricovero) ed eventualmente cedere il proprio letto. Un cronista anonimo esalta nel maestro dell'Ospedale Ruggero des Moulins non solo il martire della fede caduto in combattimento nel 1187, ma anche il «padre degli orfani, dedito ad accogliere e visitare i malati e a dare elemosine». Lo stesso Ruggero, intorno al 1180, dovette imprimere una nuova rotta orientata verso un maggiore rispetto degli statuti originari e anzi promulgarne di nuovi a rinnovata e inequivocabile connotazione assistenziale, dopo che papa Alessandro III aveva rimproverato l'Ordine per l'eccessiva partecipazione alle spedizioni militari, tra l'altro non sempre opportune come si era visto sotto il maestro Gilberto d'Assailly. Costui era un bellicista, dilapidatore di risorse umane e finanziarie nonché – non casualmente – animatore del rafforzamento del castello di Belvoir in Galilea, altra dispendiosa iniziativa che gli attirò critiche dai propri stessi confratelli. Invece fra i templari era la carità a essere alimentata con gli avanzi delle risorse generali (un decimo di esse, secondo il pellegrino Giovanni di Würzburg testimone intorno al 1170), la cui destinazione privilegiata rimaneva di norma la guerra, compresa la costosa manutenzione dei castelli. Ancora alla vigilia della distruzione dell'Ordine del Tempio, l'ultimo suo maestro Giacomo di Molay per difenderlo dichiarò che esso combinava la guerra con la carità privilegiando la prima, mentre invece l'Ospedale faceva l'opposto in una emulazione che giovava alla cristianità e preservava l'identità di entrambi gli Ordini, dei quali Giacomo voleva evitare la fusione in un ente unico.

Il castello di Belvoir, caratterizzato da una pianta così perfettamente concentrica da poter essere considerato "un castello dentro un castello", beneficiò delle dure esperienze che avevano imposto fortificazioni sempre più solide contro i musulmani, che avevano imparato a dotarsi di macchine d'assedio

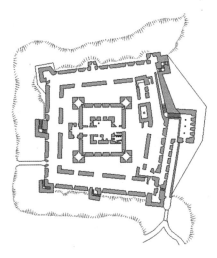

La pianta del castello ospitaliero di Belvoir in Galilea ne evidenzia la struttura concentrica di "castello dentro un castello", basata su più linee difensive.

di potenza inaudita, sia da lancio (catapulte, mangani) sia da percussione (gli "arieti" installati alla base di alcune strutture mobili da accostare alle mura); infatti questa e altre fortezze resistettero particolarmente a lungo agli assedi, cedendo alla fine quasi sempre per esaurimento delle altre risorse, soprattutto alimentari, più che per indebolimento delle strutture murarie. La pietra usata a Belvoir è il resistentissimo basalto, alternato con il calcare più facile da lavorare, una delle cause della definizione di «*munitissimum*» data all'edificio da alcune cronache.

L'aspetto definitivo, che si riesce a cogliere pure dopo la furiosa demolizione successiva alla conquista, fu dato al castello dopo l'acquisizione nel 1168 da parte dell'Ordine ospitaliero della fortezza precedente, di cui non si sa praticamente nulla. Pure il leggendario Lawrence d'Arabia, che aveva iniziato a studiare la situazione del Medio Oriente partendo dall'esame dei suoi castelli medievali (e infatti i turchi avevano iniziato presto a sospettare di lui, controllandone i movimenti), rimase impressionato dalle squadrate e imponenti strutture di Belvoir, situato 20 km a sud del lago di Tiberiade, in corrispondenza di un importante punto di attraversamento del Giordano, il guado di Sinn al-Nabra; i cronisti coevi compresero bene la sua importanza come avamposto sul confine costituito dal fiume e punto di controllo delle comunicazioni fra Tiberiade, Nablus e Nazaret. Il vescovo Giacomo di Vitry all'inizio del XIII secolo avrebbe giudicato inespugnabile la fortezza; anche un pellegrino tedesco descrisse il castello come «*fortissimum et amplissimum*», costruito pure con le pietre decorate con sculture di scene bibliche e sottratte al vicino villaggio ebraico di Kohava. Gli ospitalieri, in una situazione generale sempre più condizionata dalle necessità difensive, nella propria opera di ricostruzione allargarono la struttura preesistente e badarono soprattutto alla durata della resistenza durante i futuri assedi: così Belvoir assunse le classiche caratteristiche del castello concentrico, difeso da due cinte murarie, articolato su un profondo fossato (non esteso al lato orientale, già protetto dalla pendenza della collina) e con linee di difesa progressive costituite da mura più alte e più spesse che in passato (fino a 3-4 metri, anche per le torri angolari; più alte le mura interne, per l'ultima difesa in caso di penetrazione nemica), con massicce torri (spessore 3 metri) agli angoli e lungo le mura per fronteggiare un nemico dotato di catapulte e altre macchine d'assedio più efficaci delle precedenti. Occorreva anche poter contare su pochi difensori davanti ai musulmani normalmente superiori nel numero, e ciò nell'impossibilità di ricevere rifor-

Una ricostruzione di Belvoir nel suo periodo finale (si sarebbe arreso a Saladino nel 1189), indicativa soprattutto dell'altezza delle sue torri, abbattute dopo la conquista islamica com'era prassi normale.

nimenti e rinforzi; così il castello ebbe anche una cisterna di oltre 600 metri cubi d'acqua, vale a dire la scorta per un anno o almeno per resistere fino a una nuova stagione di piogge che integrassero il contributo della sorgente locale. Una seconda cisterna fu ricavata sotto la rocca. Un cronista arabo riferisce che Belvoir era un castello–deposito, concepito anche per alimentare le campagne militari nella regione e non solo per una difesa passiva: una ragione in più per dotarsi di riserve programmate per uomini e animali in quantità superiore rispetto alle consuete esigenze di una guarnigione. La porta fortificata fu aggiunta successivamente; le porte di legno, almeno quelle che si affacciavano sul fossato ed erano quindi più esposte all'azione nemica, erano rinforzate da placche di ferro; si ebbe cura che le porte secondarie, importantissime per le sortite contro l'accampamento dell'esercito assediante, fossero vicine alle torri da cui poteva essere diretto un micidiale tiro di copertura. Solo così poteva difendersi un castello cristiano davanti alle sempre più violente controffensive islamiche che imponevano alle varie fortificazioni di cavarsela da sole, nell'isolamento e nell'impossibilità di ricevere soccorsi da parte di poteri locali e centrali ormai incapaci di eguagliare la quantità di uomini e materiali a disposizione dei signori d'Egitto e Siria. Per chi entrava nel castello, c'era da superare il fossato su una passerella provvisoria (da far cadere rapidamente in caso di attacco) per poi transitare in un angusto campo di tiro sotto la mira degli arcieri della guarnigione; ancora oggi il visitatore si aggira per Belvoir subendo un effetto quasi labirintico, pur potendo solo immaginare cosa significasse attaccare quella struttura tutta ad angoli e stretti passaggi, al di sotto di torreggianti bastioni allora certamente più alti dei resti – comunque ancora impressionanti – tuttora visibili.

È stata spiegata come una ricercatezza indotta da influenze bizantine la forma squadrata del perimetro murario e delle torri fatte sporgere rispetto alla superficie delle mura, insieme all'elemento difensivo centrale singolarmente massiccio. Ma in fatto di raffinatezze dovette farsi apprezzare soprattutto un accessorio rarissimo nei castelli dell'Oriente latino, dove la rudimentale igiene era spesso limitata al locale abitato dal castellano di qualche Ordine militare: Belvoir aveva infatti un bagno, in stile arabo, forse non incongruo in un castello dove evidentemente la sobria Regola monastica veniva fatta convivere con la cultura araba della cura del corpo (e disponevano di un bagno anche i templari di Athlit). L'emiro Usama, che disprezzava gli occidentali, ha lasciato simpatiche descrizioni delle differenze che le due culture mostravano in fatto di igiene e benessere fisico, anche se dubitiamo che in queste spartane residenze la cura di sé prevedesse anche la depilazione e i massaggi degli ospitali ambienti da lui frequentati. Però anche da parte occidentale non mancavano soluzioni tecniche geniali, come per esempio nel castello cipriota di Saranda Colones dove il bagno era scaldato dal sottostante forno da pane. Tornando alla forma squadrata del castello di Belvoir, è stato ipotizzato che essa cercasse di portare alla memoria le caratteristiche monastiche dell'Ordine dell'Ospedale, che forse cercava anche tra le arcigne architetture militari la simmetria − se non la quiete − del chiostro; del resto, le forme del monastero erano cercate anche in altri locali come per esempio nei refettori, non essendo normalmente previsto che il monaco-cavaliere consumasse i pasti nella propria cella, e ciò era previsto anche dalla normativa templare.

Belvoir non poteva essere ignorato dai musulmani, i quali infatti eressero intorno al 1184 il castello di Ajlun allo scopo di contrastare le iniziative che dalla rocca degli ospitalieri avrebbero potuto minacciare quel fronte. Pochi anni dopo avere fatto i conti con un'incursione di Saladino, il quale si accontentò di infliggere alcune perdite senza condurre un assedio vero e proprio, Belvoir dovette affrontare l'offensiva generale del sultano d'Egitto, poco dopo la sua vittoria nella non lontana Hattin dove aveva fatto «purificare la terra» (parole sue) ordinando lo sterminio dei templari e degli ospitalieri catturati, che non voleva neppure come schiavi come riferisce Imad ed-Din. Alcuni superstiti dei due Ordini si rifugiarono proprio a Belvoir, per niente disposti a condividere la fine dei loro confratelli senza aver venduto cara la pelle. Corrado marchese di Monferrato, l'avventuriero piemontese che con il proprio coraggio e la propria iniziativa salvò *in extremis* ciò che era ri-

157

Belvoir oggi: sono evidenti il parziale riempimento del fossato e il livel-
lamento di mura e torri.

masto degli Stati latini d'Oriente, scrisse al re d'Ungheria che
Belvoir era uno dei pochi castelli ancora in mano cristiana; e
la rocca si dimostrò in effetti un osso duro da rodere. Presen-
tatosi davanti alle sue difese poco dopo la vittoria conseguita
presso il lago di Tiberiade, Saladino avrebbe dovuto attendere
un anno e mezzo e avviare due assedi prima di ricevere la capitolazione del castello, non senza aver dovuto far erigere una
palizzata per riparare i propri uomini dalle frecce e dalle pietre
che gli ospitalieri scagliavano da mura e torri quando non
uscivano per qualche sortita. Al sultano era bastata una prima
ricognizione intorno alle mura per capire che l'assedio sarebbe stato problematico e soprattutto lungo, ma la guarnigione,
oltre a sfruttare le difese fisse, si mostrò assai attiva: gli assedianti, poco vigili, vennero inoltre travolti da una sortita notturna
nel corso della quale i difensori fecero strage delle sentinelle
prima di avventarsi sull'accampamento musulmano, che ven-

158

ne saccheggiato. Il sultano allora ordinò di passare senz'altro indugio alla conquista, da lui guidata personalmente; alla fine anche fra queste mura le macchine da guerra islamiche aprirono una breccia, e il 5 gennaio 1189 i difensori ottennero la vita in cambio dell'abbandono del castello, che secondo le cronache arabe gli stessi difensori avevano inizialmente giudicato imprendibile, al punto di respingere una prima offerta di resa condizionata. Sicardo da Cremona sostiene che la capitolazione fu causata dall'esaurimento delle scorte alimentari; come che sia, secondo le regole di guerra accettate da entrambe le parti, il precedente rifiuto di arrendersi avrebbe dovuto implicare la morte per tutti i superstiti, ma il sultano apprezzava il valore del nemico, in particolare quello degli ospitalieri, dei quali conosceva – e probabilmente sosteneva, almeno dopo la riconquista islamica di Gerusalemme – la pietosa opera assistenziale per pellegrini, feriti e malati. Pertanto gli ospitalieri, a differenza dei templari, avevano talvolta la possibilità di non essere giustiziati subito dopo la cattura e fu probabilmente questo che salvò i superstiti di Belvoir.

Dopo una prima serie di demolizioni che avevano preservato le mura (non meraviglia che Saladino avesse invece fatto abbattere la chiesa, pressoché cancellata con un metodico lavoro di distruzione, mentre la fortificazione vera e propria risulta ancora presidiata da una guarnigione musulmana negli anni successivi), nel 1218-1219 lo smantellamento fu effettuato sistematicamente. Intorno alla metà del secolo gli ospitalieri tornarono sul luogo, ma a causa delle risorse limitate la rifortificazione non fu all'altezza della possente costruzione del secolo precedente, e il luogo restò abbandonato dopo la definitiva riconquista da parte del sultano Baybars.

L'impianto generale del castello, tuttora ben conservato nonostante l'abbassamento demolitore delle torri, vale certamente una visita anche in quanto gli architetti dell'Ordine ospitaliero fecero più d'una concessione all'estetica e alla rifinitura:
infatti, i severi blocchi di basalto nero sono qui e là alternati
con la chiara pietra calcarea, creando un interessante contrasto.

## Il Crac des Chevaliers: il capolavoro

Un castello orientale, la cui funzione era soprattutto quella
di tenere a bada un nemico che spesso non aveva bisogno di
essere provocato per attaccare, era efficace anche come difesa
potenziale, scoraggiando con il solo aspetto eventuali assalti.
Dimostrò tale teorema strategico lo stesso "feroce" ma non in-
cauto Saladino, al quale nel 1188 bastò la vista del siriano Crac
des Chevaliers per starne alla larga, pure in quel periodo in cui
le altre fortezze cadevano nelle sue mani in qualche caso senza
combattere, prive com'erano dei propri difensori già uccisi o
catturati sui campi di battaglia. Wilbrando definì il Crac «castello degli ospitalieri, *maximum et fortissimum*, causa di gravissi-
mo danno per i saraceni», e una volta tanto gli osservatori delle
due parti appaiono d'accordo: in quello stesso periodo infatti
il cronista arabo Ibn al-Athir scrisse che nel 1170 la testa del
castellano del Crac aveva costituito uno dei trofei bellici più
apprezzati fra le truppe di Damasco, perché con le incursioni
da lui comandate e uscite dal castello egli aveva costituito «un
osso finito di traverso nella gola dell'islam», mentre una fonte
cristiana sottolinea la posizione della fortezza «al confine delle
terre dei pagani», evidenziandone la funzione anche offensiva.

Questa turbolenta vicinanza fu completata nei primi decenni del XIII secolo dall'affermazione nello stesso territorio degli Assassini del Vecchio della Montagna, la fanatica setta specializzata nell'omicidio mirato di principi di qualsiasi religione; sapevano infiltrarsi ovunque, ma al Crac non ci riuscirono o forse non ritennero fosse il caso di tentare. La fortezza giovava inoltre all'appoggio delle azioni militari contro il nemico che la sola esistenza del Crac attirava in quelle regioni: nel 1163 Nur ed-Din, mentre nei dintorni attendeva con il proprio esercito l'occasione per attaccare il castello, fu sorpreso dai cristiani che gli inflissero una sconfitta memorabile.

Stratificato secondo i successivi livelli di costruzione e riparazione, il Crac des Chevaliers rappresenta la creazione più completa dell'architettura militare crociata. Assediato ripetutamente e con altrettanta frequenza operante come punto d'appoggio per puntate in territorio nemico, quasi a restituire colpo su colpo, più forte persino dei terremoti che in quella regione hanno spesso gareggiato con le catapulte nel danneggiamento delle fortificazioni, questo colosso di pietra era un cantiere sempre aperto i cui cicli di lavoro duravano decenni, e racchiude una parte cospicua della storia delle crociate, creando qualche problema per la datazione delle varie fasi della sua storia architettonica date le vicissitudini militari e sismiche. Particolarmente devastanti i terremoti dell'inizio del XIII secolo, ma nel giro di due generazioni il Crac ne subì almeno quattro, compreso quello del 1170 che costrinse a una sostanziale ricostruzione e che forse fu la causa della progettazione di edifici più massicci, la cui superiore stabilità si opponeva efficacemente alle scosse telluriche. In particolare, alla prima forma più poligonale subentrò nel secolo successivo quella basata sul rinforzo tramite basamenti obliqui e torri circolari. La continua opera di riparazione e modernizzazione delle difese fece del Crac un modello anche per certi importanti castelli europei, per esempio quello francese di Château Gaillard il quale nel 1197 dimostrò che il re inglese Riccardo Cuor di Leone, protagonista della terza crociata, aveva imparato la lezione in fatto di muri e torri, pur avendo guerreggiato in altri territori della Terra Santa. La posizione del Crac permetteva di controllare le comunicazioni tra Homs e Hama e tra la valle dell'Oronte e il Mediterraneo; era stato il capo crociato Raimondo di Tolosa a iniziare l'occupazione latina della regione e il suo incastellamento, e già nel 1099 aveva notato l'importanza della rocca presidiata da certi curdi, per questo motivo inizialmente designata *Isn al Akrad*, "Castello dei Curdi"; ma solo nel 1110 il normanno Tancredi d'Altavilla occupò la posizione stabilmente. Tipica figura di crociato, Tancredi: tormentato dai dubbi sul destino della propria anima di cavaliere, la cui vita inevitabilmente violenta pareva escludere lui e moltissimi suoi pari dal paradiso, aveva accolto con entusiasmo la prospettiva, offerta dalla crociata, di ottenere la salvezza continuando a versare il sangue (l'unica cosa che quegli uomini d'armi sapevano fare), e dopo la conquista dei Luoghi Santi era diventato uno dei costruttori del nuovo regno. Combattente esemplare ma anche ingenuo, come quando invitò Tughdekin signore di Damasco ad abbandonare non solo la città ma anche la sua fede islamica, in cambio del cortese permesso di andare a stabilirsi dove gli pareva; non è da escludere che la richiesta abbia avuto un peso nella decisione di Tughdekin di riprendere la lotta con rinnovato fervore.

Ricostruzione del Crac des Chevaliers nella sua forma definitiva. Da notare il progressivo accumulo di edifici e potenziamenti delle difese, terminato nella seconda metà del XIII secolo.

La fortezza originaria doveva avere solo un muro, costituito da blocchi di pietra lavorati in maniera sommaria; nella propria fase finale essa ormai sfruttava sapientemente lo spazio sommitale della collina, era completata dal massiccio blocco centrale ed era cinta da ben tre cortine murarie, le cui pietre appaiono ancora oggi tagliate con precisione chirurgica per adattarsi meglio a quelle del muro a scarpa, di inclinazione diversa rispetto alla cortina principale; un fossato con ponte proteggeva l'accesso più importante. All'interno, erano state ricavate aree esposte al tiro dei difensori se il nemico fosse riuscito a penetrarvi, ma anche fra i singoli fabbricati erano state predisposte delle "isole" difendibili anche se quelle circostanti fossero state occupate; in tale contesto è probabile che anche in altri castelli e non solo a Qaqun in Galilea fossero allestite delle tubazioni d'argilla per permettere di scambiare comunicazioni orali fra ambienti che

Il Crac des Chevaliers prima dello scoppio della guerra in Siria. Durante il conflitto ancora in corso è stato occupato dai ribelli e bombardato dall'esercito governativo.

l'eventuale penetrazione nemica avrebbe potuto isolare. Le difese più massicce appaiono ancora oggi soprattutto sul lato meridionale, dove gli ostacoli naturali si mostravano meno problematici per gli assedianti: esse erano concentrate su una massiccia torre rotonda (forma tipicamente arabo-islamica, verso la fine del XII secolo diffusa in area anglo-francese per effetto delle guerre d'Oriente) eretta su un supporto scosceso e parimenti curvilineo, dove successivamente alla conquista il sultano Baybars fece collocare un'iscrizione celebrativa fra due leoni scolpiti nella pietra, un caso in cui è possibile distinguere tra gli interventi del periodo di possesso cristiano e quello successivo, arabo-turco. Questa parte del complesso risultò alla fine dei lavori la più solida, con difese che sembrano sorgere direttamente dalla roccia. Appare usato

anche qui un accorgimento presente in altri castelli dell'O-
spedale, per esempio Belvoir: si tratta della *machiculatio*, ossia
una sporgenza delle mura da cui era più facile far cadere
sugli attaccanti vari oggetti, soprattutto pietre, e tale soluzione poteva essere attuata anche mediante aperture nei soffitti
dei locali interni. Infatti, pure i percorsi delle linee di difesa
successive alla prima erano esposti all'azione dei difensori,
pronti a intervenire da punti di resistenza ricavati in corrispondenza degli accessi alle varie parti del complesso; gli attaccanti, anche dopo avere eventualmente superato le prime
linee di difesa, sarebbero stati bersagliati di lato e dall'alto anche all'interno del Crac. La battaglia per un castello non era
necessariamente più accanita lungo le mura che nelle parti al
di qua di esse, per quanto si affidasse soprattutto alle cortine
murarie esterne la funzione di fermare il nemico; una volta penetrati gli attaccanti, per i difensori generalmente non
restava alternativa – nel migliore dei casi – a una forsennata
corsa nella rocca, estremo baluardo, quindi gli architetti del
Crac pensarono bene di arrestare gli attaccanti anche all'interno della fortezza.

I rifornimenti idrici erano garantiti da una cisterna lunga
oltre 70 metri, diverse altre di dimensioni minori, un acquedotto e canalizzazioni ricavate nelle difese murarie; mulini a
vento su almeno alcune delle torri (dove queste macchine
contendevano lo spazio alle catapulte e al relativo munizio-
namento), torchi, frantoi, forni e cucine completavano la do-
tazione di questa fortezza concepita per resistere a lungo e da
sola. I muri "a scarpa", ossia con un prolungamento esterno
che digradava verso la base della costruzione, e le torri rotonde costituiscono il segno dell'aggiornamento tecnico in

cui gli Ordini militari furono spesso all'avanguardia, esposti com'erano più degli altri alla minaccia nemica.

Quanto agli arredi del Crac, alcuni affreschi ispirati a scene bibliche e alle vite dei santi furono rinvenuti in una delle cappelle e trasferiti in luoghi più protetti, in particolare il museo di Tortosa dove fu sistemata la scena della presentazione di Gesù al Tempio; la sala per le assemblee fu decorata secondo lo stile gotico francese, ossia con motivi floreali. Gli spazi destinati alle riunioni erano stati concepiti, soprattutto in occasione dei lavori radicali voluti dagli ospitalieri una volta subentrati al precedente occupante, per accogliere degnamente chi lavorava per la fede in un Ordine militare con vocazione assistenziale: le assemblee della grande sala, a cui si accedeva da un loggiato, davano le direttive per il governo

Le volte a crociera di uno degli ambienti del Crac des Chevaliers, create secondo lo stile gotico francese duecentesco.

dell'Ordine, a volte incerto fra l'attività bellica e le opere di carità (e per questo rimproverato da qualche Papa), ma in entrambi i casi alle prese con ingenti investimenti finanziari e problemi politici ai quali si aggiungevano le complesse relazioni diplomatiche con le corti occidentali e quelle dei vari potentati islamici. Nel corso della loro storia anche gli ospitalieri, al pari dei templari, destarono forti antipatie per la propria politica indipendente rispetto alle altre autorità ecclesiastiche dell'Oriente crociato, in particolare il patriarca latino di Gerusalemme; e nel corso degli anni Sessanta del XII secolo furono troppo zelanti nel seguire i re della Città Santa in imprese azzardate, soprattutto una serie di sterili invasioni dell'Egitto che avevano provocato perdite di uomini e denaro. I nuovi statuti del maestro Ruggero des Moulins, all'inizio degli anni Ottanta, indicarono una strada diversa, la quale altro non era se non un ritorno alle origini, senza escludere l'azione militare ma privilegiando le attività a beneficio dei «signori malati». Un abbandono delle missioni di guerra sarebbe stato però inconcepibile: l'Ordine era nato senza armi e si era necessariamente militarizzato per difendere le popolazioni locali, un'azione che certa propaganda crociata presentava come un'altra forma di carità, e lo stesso Ruggero nel 1187 sarebbe caduto da prode in Galilea.

Verso la fine degli anni Trenta del secolo scorso, gli archeologi francesi che iniziarono il recupero del Crac trovarono un edificio cadente, adibito ad abitazione e a riserva di letame depositato per generazioni dalle greggi costituenti il nerbo dell'economia locale. Rimesso in sesto e debitamente valorizzato, l'edificio ha dovuto affrontare le azioni belliche causate dalla guerra di Siria.

Nel 1142 il castello, già collaudato da almeno un assedio islamico, fu ceduto da Raimondo I conte di Tripoli agli ospitalieri, ormai gli unici in grado di gestire e proteggere quella complessa struttura, difesa in tempo di pace da circa 2.000 uomini; una risorsa finanziata grazie anche alle esenzioni e donazioni che la preziosa attività (anche assistenziale) dell'Ordine attirava. Nel 1188 Saladino, dopo aver esaminato da rispettosa distanza le difese del Crac, rinunciò ad assediarlo; la sua fretta di marciare verso il mare e occupare le città portuali per bloccare la crociata che si sarebbe presto formata in Europa dopo le recenti vittorie del sultano, avrà avuto il proprio peso nella decisione ma certamente la sua rinuncia fu favorita anche dall'imponente aspetto dei bastioni. Difese ben allestite funzionavano anche, diciamo così, virtualmente: ancora prima di ricevere un colpo di catapulta potevano scoraggiare il nemico, soluzione comoda anche per quest'ultimo il quale sapeva bene che i castelli non possono scappare.

Ma fu soprattutto nel corso del XIII secolo che il Crac operò come infaticabile centrale di smistamento dei contingenti che partivano in varie direzioni per devastare le coltivazioni del nemico in Siria o intercettarne le puntate offensive, attuando una difesa dinamica della contea di Tripoli. La rocca, che governava e proteggeva un'area fertile e quindi ricca di insediamenti, era una risorsa anche per le pubbliche relazioni dell'Ordine: alla fine della propria crociata (1217) Andrea II re d'Ungheria era stato degnamente ricevuto dagli ospitalieri del Crac e di Margat, e aveva ricambiato coprendo l'Ordine giovannita di benefici e donazioni; questo trattamento venne attuato anche dal papato, il quale nel 1255 concesse un atto mirante a favorire la copertura delle spese per garantire l'efficienza delle difese murarie del Crac e del suo presidio. Nel 1268 l'incontenibile Baybars, già espugnatore di varie posizioni cristiane, subì l'affronto di sentirsi dire dall'autorità ospitaliera locale che spettava a loro, ossia ai cristiani, di "proteggerlo" dall'aggressività dei crociati di recente arrivo, alloggiati nella fortezza e poco al corrente dell'alternanza di guerra e diplomazia tipica dell'Oriente latino. In effetti, gli ospiti del Crac erano degni della fama del castello, nel quale venne a morire agli inizi del XIII secolo il cavaliere Goffredo V di Joinville, talmente valoroso da meritare di recare le insegne di Riccardo Cuor di Leone, che di queste cose si intendeva; e anche il suo scudo ottenne di essere conservato nel Crac dove mezzo secolo dopo, durante la settima crociata, venne a prelevarlo il nipote Giovanni il quale riportò l'arma nella terra natìa, nella chiesa di S. Lorenzo a Joinville. Probabilmente il prode Goffredo riposa ancora in qualche spazio inesplorato del castello siriano, a meno che i suoi resti non siano stati dispersi da alcuni dei conquistatori successivi, meno cavallereschi di Saladino.

Il Crac era diventato il segno e l'immagine della presenza latina nella regione, e oltre ad assediarlo senza successo i capi musulmani subirono sotto le sue mura più d'una sconfitta, d'altra parte con il proposito – non di rado mantenuto – di restituire il colpo agli irriducibili ospitalieri, in una battaglia campale o nel consueto pulviscolo di scaramucce. Questi scontri erano talvolta troppi persino per le aristocrazie guerriere locali, per esempio il principe di Antiochia Boemondo V il quale, negli anni Trenta del XIII secolo, correva per il territorio del Crac allo scopo di frenare con la propria diplomazia le intemperanze dei templari che violavano tregue e aggredivano le posizioni musulmane senza curarsi delle conseguenze talvolta disastrose, come in occasione della sconfitta del 1237.

Negli ultimi decenni dello stesso secolo le donazioni e i privilegi, anche quelli concessi dal papato, cominciarono a non bastare più per alimentare crociate e manutenzione di castelli, specialmente dopo la caduta di Antiochia che nel 1268 lasciò scoperta la frontiera settentrionale degli Stati latini d'Oltremare: l'Europa era sempre meno interessata a queste imprese, le vie dell'Oriente iniziavano a essere altre e gli affari convenivano più della guerra, anche di quella santa. Tale situazione permise a Baybars di saldare il vecchio conto con il Crac, di cui nel 1271 iniziò l'ultimo assedio: la preparazione era stata meticolosa, com'era inevitabile ora che era tramontata la superiorità tecnologica occidentale e gli arabo-turchi sapevano allestire parchi d'assedio con macchine da lancio e da assalto migliori di quelle dei nemici cristiani, ormai costretti a proteggersi dietro mura sempre più spesse ma bombardabili senza interruzioni. Inutile, ormai, aspettare una colonna di soccorso che costringesse gli assedianti a ritirarsi, come era più volte accaduto nel secolo precedente persino al quasi invincibile Saladino: spesso, infatti, era bastato tener duro in attesa che le avanguardie dei "nostri" sbucassero dalle colline, e generalmente il tempo di attesa era di poco più di una settimana, termine ragionevole per qualsiasi fortezza di dimensioni rispettabili e dai magazzini adeguatamente forniti. Pertanto Baybars non ebbe difficoltà a far credere agli assediati, mediante una lettera falsificata e fatta giungere all'interno del castello, che da Tripoli non sarebbe giunto alcun aiuto.

Dopo la conquista delle fortificazioni esterne, gli attaccanti superarono la triplice cinta muraria mentre gli ultimi difensori si arroccavano nelle tre torri meridionali del complesso; ma la certezza che non sarebbero stati soccorsi fu efficace quanto una catapulta ben piazzata e Baybars ottenne la preda, sulla quale volle imprimere i segni della vittoria: la trasformazione della chiesa del castello in moschea e un'iscrizione, presidiata dal duplice simbolo del leone, celebrante la capitolazione del Crac che sarebbe diventato il capoluogo della "Provincia reale delle felici conquiste". Gli ospitalieri ebbero garanzia della vita e lasciarono il castello per sempre, ma Baybars, prima di ordinare lavori di potenziamento delle difese (comprensivi di una torre capace di sostenere il peso di una macchina da lancio), volle togliersi l'ultima soddisfazione e scrisse al maestro degli ospitalieri questa sprezzante rivendicazione della conquista: «Avevi fatto fortificare questo posto e vi avevi schierato i migliori cavalieri del tuo Ordine, ma non ti è servito a niente: non hai fatto altro che far giungere in anticipo la morte dei tuoi, e la loro fine sarà anche la tua».

Ma c'è anche un'altra testimonianza delle ultime parole dedicate al Crac des Chevaliers, ed è l'iscrizione incisa sulla torre sud-occidentale la quale ammonisce il visitatore ricordandogli la caducità di ogni umana potenza: «*Sit tibi copia, sit sapientia formaque detur; inquinat omnia sola superbia si comitetur*» ("Che tu abbia abbondanza, sapienza e bellezza; ma se c'è anche la superbia, essa da sola può distruggere tutto"). Era un degno epitaffio per il principale castello di un Ordine nato per assistere i malati e finito con il diventare un autonomo potere politico e militare.

# Montfort dei cavalieri teutonici

Nei primi statuti dell'Ordine teutonico, scritti verso la metà del XIII secolo, fu precisato che «questo Ordine ebbe prima ospedali che forze armate», per chiarire che la sua vocazione era prima di tutto assistenziale, ereditata su indicazione di papa Innocenzo III alla fine del secolo precedente dagli ospitalieri, per i quali la carità doveva prevalere sulle attività militari: una prassi spesso violata sulla spinta delle circostanze, eppure mai dimenticata a costo di qualche perentorio richiamo all'ordine. Furono invece i templari a fornire ai nuovi cavalieri la formazione militare, e anche il tipico mantello bianco. Ma la caratteristica particolare dell'Ordine fu un'altra: a differenza delle altre due istituzioni, più o meno dipendenti dalla Chiesa romana e almeno in parte bisognose della sua tutela, i cavalieri teutonici costituirono un'istituzione concepita per coloro che erano giunti in Terra Santa da sudditi delle regioni centrali del Sacro Romano Impero, e preferivano operare in un ambito di lingua tedesca; era quindi inevitabile che i nuovi cavalieri agissero in perfetta collaborazione con l'imperatore d'Occidente, in modo particolare quel Federico II di Svevia che con il papato fu spesso in contrasto violentissimo. Ciò fu loro ricordato con sin troppo zelo dai templari nel 1241, quando i teutonici insieme agli ospitalieri furono trattati dal Tempio come nemici a causa della loro collaborazione con l'odiato imperatore, come ci informa il cronista inglese Matteo Paris.

La prima sede dell'organizzazione che sarebbe successivamente diventata l'Ordine teutonico fu una vela, usata come tenda per il primo ospedale dell'Ordine durate l'assedio di Acri (terza crociata, 1189-1191); dopo la caduta della città, un vero e proprio ospedale vi fu aperto all'interno, e dedicato alla Vergine Maria. Ma fu presto chiaro che senza strutture fortificate nemmeno l'Oriente latino della riscossa contro Saladino sarebbe sopravvissuto, e fu così che nei primi decenni del Duecento i cavalieri acquisirono il *Castellum Regis* in Galilea, e soprattutto quello di Starkenberg poi più noto come Montfort (Monfort des Alemans nei testi francesi), nella stessa regione.

L'incastellamento dell'Ordine teutonico trovò spazio nella settentrionale Galilea, dove templari e ospitalieri avevano stabilito una presenza meno diffusa e dove i castelli non erano mai troppi, considerate la ricca produzione agricola della regione e la vicinanza alla nemica Damasco; i cavalieri del nuovo Ordine avevano bisogno di una sede centrale, relativamente lontana dall'affollata Acri, città portuale e commerciale da dove sarebbe stato inoltre più difficile difendere i raccolti e gli allevamenti della regione interna. Ad Acri, inoltre, gli altri due Ordini non erano disposti a condividere lo scarso spazio disponibile con un'istituzione recente e incaricata di una missione analoga (difesa finanziata dalle rendite locali), tra l'altro anche piuttosto detestata dai templari come abbiamo ricordato. Infine, la posizione isolata di Montfort si prestava ottimamente a quella pace del chiostro che gli Ordini monastico-cavallereschi erano tenuti a mantenere almeno quando non dovevano prendere la spada; in quei decenni del XIII secolo in cui la cristianità latina doveva mantenersi sempre più spesso sulla difensiva, sarebbe stata la guerra a incaricarsi di bussare alle porte della fortezza, senza che i suoi occupanti dovessero fare troppe spedizioni per cercarla.

Il castello era stato conquistato da Saladino nel 1187 e recuperato nel 1192, durante la terza crociata; fu riparato e ulteriormente fortificato con il lavoro dei pellegrini tedeschi e venduto con altri possedimenti nel 1229 dal castellano Giacomo di Mandalé ai cavalieri teutonici per 6.400 bisanti (monete d'oro arabe che per la loro qualità avevano regolare circolazione anche fra i cristiani, che non furono mai in grado di imitarle bene). Come già l'ospedale presso il quale si era formato in Acri il primo nucleo dell'Ordine, la fortificazione era dedicata alla Madonna (che questi cavalieri servivano «con tutta la pietà e l'umiltà», scrisse Giacomo di Vitry). Il rinnovato interesse per la crociata da parte del Sacro Romano Impero, il cui sovrano Federico II nel 1229 era giunto a cingere la corona di Gerusalemme seppure da scomunicato, contribuì a garantire le risorse necessarie per il potenziamento delle difese del castello, dove i cavalieri trasferirono il tesoro e gli archivi dell'Ordine. Nello stesso anno il patto tra Federico e il sultano d'Egitto al-Kamil riconobbe il possesso di Montfort all'Ordine, e papa Gregorio IX fu sollecitato dal maestro dei teutonici Ermanno di Salza affinché favorisse il finanziamento dei lavori a cui contribuì anche Boemondo, signore d'Antiochia e Tripoli.

L'edificio, uno di quelli che sfruttarono meglio la posizione naturale fra quelli qui esaminati, occupa una posizione isolata e dominante sulle strade fra Acri, il lago di Tiberiade e la valle del Giordano. L'adozione di una collocazione all'incrocio di due valli e su una collina che ne condizionò il profilo a sperone (con qualche difficoltà causata dalla limitata larghezza del medesimo), ossia adattato alla cresta rocciosa in modo da costituire un blocco allungato con volte sorrette da massicci pilastri, dava a castelli come Montfort quasi l'aspetto di una nave; tale sistemazione, inoltre, permetteva di ripartire le varie linee di difesa su diversi livelli altimetrici e di sfruttare pendenze anche ardite, con conseguente svantaggio per l'assediante munito di macchine da lancio e torri per lo sbarco sulle mura, alle quali pertanto ci si poteva avvicinare con difficoltà. Restava l'inconveniente costituito dal punto in cui la collina si univa al resto dei rilievi circostanti (e infatti ancora oggi i visitatori possono raggiungere Montfort da quella direzione, con assai maggiore comodità); ma se non altro le zone da difendere erano diversificate e successive, impedendo che la caduta di una comportasse quella delle altre. Inoltre l'impossibilità, imposta dalla natura accidentata del luogo, di attaccare il castello da più direzioni obbligava difensori e assedianti a concentrare gli sforzi in pochi punti, un vantaggio soprattutto per i primi che pativano regolarmente l'inferiorità numerica. Fu così che intorno alla cresta fu disteso il muro principale, con due fossati tagliati nella roccia; una sorgente esterna ma vicina garantiva il rifornimento idrico, mentre i resti architettonici più a valle sono ciò che rimane della struttura creata per garantire lo sfruttamento delle risorse locali (agricoltura e allevamento) destinate alla guarnigione; la presenza di acqua sorgiva e delle attività da essa rese possibili fa ipotizzare l'esistenza di un piccolo mulino. Grazie alle ricerche archeologiche degli ultimi anni i locali del castello sono ben distinti e in essi si ravvisano i segni di un relativo lusso: vi domina il *donjon* (ossia la rocca), eretto con una pianta a D (contro la tendenza coeva ad arrotondare la forma delle torri, di cui comunque tale foggia costituiva una versione semplificata) e in posizione decentrata a imitazione dei castelli tedeschi più familiari a quegli uomini; esso era inoltre dotato di una cisterna sotterranea. Non poteva mancare la cappella che, data la natura almeno parzialmente monastica dell'Ordine, sarà stata di dimensioni maggiori rispetto agli altri castelli. Ancora visibili gli ambienti residenziali per i difensori e i servizi, per esempio l'impianto per la spremitura dell'uva, la cucina (identificata per la quantità di frammenti di ceramica individuati, oltre che per la sottostante cisterna, distinta da quella della rocca) e il laboratorio per la riparazione delle armi (dove sono stati rinvenuti anelli metallici provenienti dalle cotte di maglia). La parte occidentale del castello comprendeva i locali riservati al maestro dell'Ordine, come si è desunto anche dal rinvenimento della sua latrina personale; ma grazie agli scavi sono riemersi segni più eloquenti della storia del luogo e della presenza monastico-cavalleresca, quali per esempio ferri di cavallo, punte di freccia, ossa, monete duecentesche e pietre destinate alle macchine da lancio; ci sono anche presumibili tracce del lavoro dei minatori in azione contro le fondamenta per abbattere le mura. Ma è giunto il momento di ricordare ciò che accadde quando Baybars si risolse a farla finita anche con Montfort.

Nel 1266 il sultano, intenzionato a porre fine alla presenza latina, assediò Montfort senza successo; nel 1271 tornò con macchine d'assedio più potenti e gli irrinunciabili genieri addestrati a scavare gallerie sotto le mura, riuscendo a superare le difese meridionali mentre i cavalieri cristiani ripiegavano all'interno, combattendo. Il ritrovamento, in epoca moderna, di pietre scagliate dalle macchine fa credere che le difese del castello siano state ammorbidite dal tiro proveniente dalle colline circostanti, ma nel combattimento ravvicinato i cavalieri teutonici furono un osso duro da rodere: Baybars dovette inoltre promettere un compenso per ogni pietra rimossa dai propri uomini sotto il tiro nemico, e alla fine concesse la vita agli ultimi difensori, comandati dal maestro Giovanni von Sachsen, in cambio della resa; era infatti prassi comune, attestata anche in Occidente, garantire l'incolumità in caso di consegna del castello e di scatenare massacro e saccheggio solo in caso di rifiuto della capitolazione e conseguente conquista d'assalto. La soluzione negoziata era spesso sgradita alla truppa del capo vincitore, perché la guarnigione evacuata poteva spesso recare con sé i beni che in caso di conquista violenta avrebbero costituito legittima preda, ma Baybars mantenne la parola (cosa che non faceva sempre, come si era visto pochi anni prima a Safed) e garantì il trasferimento dei superstiti ad Acri, insieme al prezioso archivio dell'Ordine.

Dopo la caduta di Acri nel 1291, l'Ordine teutonico avrebbe trovato un nuovo teatro operativo nell'Europa baltica, obiettivo di nuove crociate. Il castello, ritenuto troppo isolato per un riutilizzo, fu in buona parte abbattuto su ordine del sultano, e solo in tempi recenti le intense campagne di scavo ne hanno permesso un significativo recupero.

# I castelli dei sultani

## Tabor: il castello-civetta

Prima di conoscere il proprio momento di vera e propria
gloria militare il monte Tabor ospitava sulla cima un monastero saggiamente fortificato in vista dei futuri e prevedibili
attacchi, fatalmente attirati dalla sua eccellente posizione di
osservatorio sulla pianura di Galilea. Il fondatore era stato il
cavaliere normanno Tancredi d'Altavilla, protagonista della
prima crociata ma dedicatosi anche all'organizzazione del
nuovo regno dopo la conquista; nel 1113 un attacco islamico
causò un massacro di monaci, i cui confratelli di tre generazioni dopo non si fecero sorprendere e presero personalmente le spade per respingere l'attacco di Saladino. Fu così
che tra conquiste, perdite e riconquiste si giunse agli inizi
del XIII secolo, quando ciò che restava del monastero (ma
suoi resti erano ancora visibili dopo la fine delle crociate)
cedette il posto a un castello musulmano la cui costruzione

era stata decisa nel 1211 da al-Adil, fratello di Saladino e
suo successore, «spada del mondo e della religione» come
recita ancora oggi la lapide che ricorda il relativo decreto.
Lo scopo era la costituzione di una fortificazione-sentinel-
la da cui tenere d'occhio i movimenti nel territorio della
vicina Acri, base strategica dei crociati e loro unico porto
di una certa importanza. Non eccelso (meno di 600 metri) ma abbastanza alto sulle pianure della Galilea meridionale, che da esso potevano essere ottimamente sorvegliate,
il Tabor ebbe l'onore di una menzione nelle lettere di papa
Innocenzo III il quale nel 1215 segnalò la costruzione del
castello sulla sua cima come una minaccia per la cristianità
orientale. Il motivo della decisione musulmana di fortificare
la cima della montagna risiede nella previsione, dimostratasi
fondata, che l'attesa quinta crociata sarebbe iniziata in quei
territori, fertile riserva agricola, prima di spostarsi in Egitto;
secondo Ibn Wasil, ai difensori arabi era bastata la notizia
dell'incoronazione di Giovanni di Brienne quale nuovo re
di Gerusalemme per sentirsi minacciati, e infatti era prassi
pluridecennale aspettarsi molti guai dall'arrivo di un nuovo
sovrano da Occidente, che certamente non sarebbe sbarcato
in Terra Santa per limitarsi a un pellegrinaggio. Inoltre, il
ruolo ormai assunto dalla vicina Acri quale nuova capitale
del regno crociato non aveva fatto che accrescere l'importanza dei castelli locali, basi per incursioni della propria parte
e rifugio contro quelle nemiche; dal Tabor si dominavano le
comunicazioni stradali tra il Nord e il Sud del regno latino
o almeno delle terre che gli erano rimaste e di quelle che si
sperava di togliere nuovamente all'islam. È dunque probabile
che papa Innocenzo, indicando nel castello islamico eretto

sul monte una minaccia per la cristianità, avesse sopravvalutato il ruolo di un castello difensivo, vale a dire con funzioni di osservatorio; d'altra parte, come abbiamo visto riguardo ad altre fortificazioni anche cristiane, un castello poteva sia difendere sia attaccare, secondo le circostanze e le risorse. Ebbe il proprio peso anche il fatto che il Tabor era stato il luogo della Trasfigurazione (cfr. Mc 9,2-8; Mt 17,18; Lc 9,28-36), e l'idea che la sede di uno dei più significativi misteri cristiani fosse in mani infedeli aggiungeva un motivo alla decisione di rioccupare il luogo, del resto già cristiano e crociato fino a tempi recenti. Una certa sopravvalutazione della decisione di erigere il castello emerge anche dai luoghi comuni del vescovo di Acri, Giacomo di Vitry, il quale avendo partecipato con entusiasmo alla successiva quinta crociata aveva qualche interesse a ingigantire la forza del nemico: egli infatti parla di una rocca costruita «con molta fatica e spese incalcolabili», allo scopo di creare una minaccia costituente «quasi un chiodo in un occhio per noi», parole alle quali non corrisponde nella realtà una particolare cura architettonica.

La stessa tecnica edilizia adottata sul Tabor, lungo il confine con gli Stati crociati e in una fase in cui era facile prevedere la ripresa delle ostilità dopo lo spirare dell'ultima tregua, rispecchia il carattere contingente dell'iniziativa, in quanto appare usata una pietra porosa ricavata direttamente dal luogo e più precisamente da quelli che sarebbero diventati i fossati del castello: un materiale più facile da lavorare ma di qualità inferiore, anche per la facilità con cui poteva spaccarsi per effetto dell'esposizione alle fiamme (un artificio che gli abilissimi genieri dell'epoca sapevano applicare in vari modi e di cui si vedono ancora i segni su molti resti di mura sottoposte ad assedi); non meno eloquenti i segni lasciati dalle pietre da catapulta. Lo schema era elementare: torri collegate da mura, difese anche da feritoie per gli immancabili arcieri; all'interno, sin dall'inizio delle ricerche moderne gli archeologi francescani individuarono locali da bagno con relative tubature insieme ad altri fabbricati dalla funzione ancora non ben chiarita. A visitatori transitati dopo lo smantellamento successivo al primo e ultimo assedio dobbiamo l'impressione che le torri fossero alquanto imponenti, pur senza raggiungere le altezze di quelle crociate; del resto il Tabor era ottimamente difeso già dai ripidi fianchi, come potrebbero confermare gli ansimanti crociati che nel 1217 dovettero inerpicarvisi per raggiungere la cima e da lì sferrare il loro fallimentare attacco. Anche sul Tabor fu lo stesso fossato, man mano che veniva scavato, a fornire le pietre per le mura, una tecnica abbastanza tipica dell'architettura militare dei sultani coevi anche quando la pietra non era la più resistente, a differenza dei loro rivali cristiani i quali preferivano far venire anche da cave relativamente lontane materiali più durevoli, per esempio basaltici piuttosto che calcarei (soluzione però anche più costosa e quindi non sempre privilegiata). Le pietre del castello del Tabor, tuttavia, giunsero anche dal locale monastero ormai abbandonato dopo la conquista musulmana. All'architettura militare islamica non era familiare il *donjon*, ossia il massiccio torrione costituente l'estremo baluardo difensivo che infatti qui non fu costruito (mentre invece i templari a Tortosa ne fabbricarono uno di 35 metri di lato); ma esso, nel corso della progressiva riconquista della regione, fu anche meno necessario rispetto al passato, ora che i crociati erano meno temibili anche come assedianti. Le torri, invece, nello stesso castello erano rare perché i fianchi della montagna sono talmente ripidi e accidentati da scoraggiare un attacco come quelli scatenabili contro altre rocche, per quanto sia ipotizzabile che, se le circostanze non avessero imposto la demolizione dell'edificio appena completato, altri fabbricati vi sarebbero stati aggiunti. Alla costruzione parteciparono maestranze esperte di edilizia ma anche i soldati, segno dell'urgenza data ai lavori mentre si attendeva l'arrivo dei nuovi crociati che si sarebbero presto concentrati nella vicina Acri. L'edificio occupava pressoché tutta la sommità del Tabor; le mura furono progettate per avere uno spessore di meno di 3 metri, quindi sarebbero state relativamente sottili rispetto alle coeve realizzazioni cristiane ma pur sempre adatte ad affrontare assedi crociati ormai meno insidiosi; infatti, quando nel 1217 i cristiani tentarono di prendere la fortificazione, dopo essersi inerpicati lungo i fianchi di «questo monte ovunque scosceso e quasi impossibile da percorrere in salita» come dice una cronaca, per porre l'assedio vero e proprio si arrangiarono con le poche macchine (ma secondo un'altra fonte ne avevano a malapena una) che la forte pendenza consentiva di portare sulla cima, e che in ogni caso furono inutili al pari della maggioranza numerica. L'unico a fare bella figura fu il re di Gerusalemme Giovanni di Brienne, distintosi tuttavia più in una singolar tenzone con un emiro da lui abbattuto che come comandante di forze d'assedio. La rinuncia a continuare la pressione sul castello dopo due settimane di sterili attacchi, causata secondo Giacomo di Vitry da una poco spiegata «*mala fides*», fu dunque vista con sollievo dai difensori, essendo assai diffusa nelle guarnigioni arabo-turche la memoria dello sterminio della guarnigione di Acri nel 1191 su ordine di Riccardo Cuor di Leone; ed ebbe quasi il senso di un affronto la demolizione del castello da parte degli stessi arabi subito dopo il fallito assedio, essendosi convinto il sultano che più gravi minacce sarebbero state affrontate in Egitto dove gli scali commerciali del delta del Nilo costituivano una posta più importante nella partita fra crociati e musulmani. Infatti, di lì a poco una parte delle truppe musulmane reduci dalla campagna di Galilea e del Tabor poté essere inviata in Egitto, come fecero per via marittima anche i soldati della croce.

Fu solo un pugno di rovine ciò che i crociati riottennero nel 1255, quando il monte Tabor tornò provvisoriamente nelle loro mani; nel 1263 il sultano Baybars era ancora il signore della zona e ordinò la distruzione degli ultimi resti, seguendo la propria idea fissa mirante a togliere agli occidentali qualsiasi punto d'appoggio in caso di loro rioccupazione di posizioni importanti. Le annotazioni dei visitatori delle epoche successive concordano, a giudicare dall'impressione destata dalle rovine, sull'aspetto non proprio modesto della fortificazione; il riutilizzo dei materiali per nuove costruzioni certamente ridusse ancora di più ciò che era rimasto dopo le demolizioni decretate dal sultano.

Il vescovo Giacomo di Vitry, ancora una volta deciso a vedere nelle realizzazioni del nemico e nelle vigorose reazioni dei crociati l'esaltazione di un'impresa nella quale lui stesso era stato coinvolto, volle leggere nella demolizione del castello un effetto della «paura del nemico davanti all'esercito del Signore», e quindi un successo delle armi cristiane; c'era in lui anche lo scopo di rivalutare un'impresa, l'assalto al Tabor, sfortunata e soprattutto condotta senza convinzione. Invece i cronisti arabi, più che vantarsi della falsa partenza imposta ai nemici logoratisi nella campagna di Galilea, preferirono registrare che quella costruzione non aveva condotto a nulla e la decisione sultaniale di far smantellare l'edificio va cercata qui. Era inoltre chiaro che, come stava dimostrando l'avvio dei lavori nel cantiere della vicina Athlit, i crociati non avrebbero mollato la presa in Galilea, e il castello sul Tabor, pur avendo all'attivo una resistenza vittoriosa, sarebbe stato prima o poi facile preda degli agguerriti contingenti che, una volta sbarcati ad Acri, avrebbero visto in esso un obiettivo vicinissimo alle proprie basi. Eppure, esso aveva svolto la propria funzione: aveva infatti attirato su di sé, indebolendole e introducendo la sfiducia reciproca fra i loro capi, forze crociate destinate al fronte egiziano, più importante. Quanto alla demolizione, non fu una grande perdita per i musulmani, i quali consideravano i castelli una necessità contingente, da occupare per non lasciarli ai nemici e da riusare o abbattere secondo le circostanze; assai più considerate erano le città, naturalmente fortificate ma più importanti dei castelli come centri e simboli del potere politico e del controllo territoriale.

## Nimrud: bellezza pietrificata

Scartata la fantasiosa ipotesi di una fortezza fenicia quale primo nucleo di una fortificazione del luogo, secondo alcuni archeologi i crociati eressero tra il 1129 e il 1132 o tra il 1139 e il 1164, vale a dire nei periodi della propria presenza, un castello a Subeybeh, presso le sorgenti di Banyas (o Panéas) in Galilea, su un promontorio di roccia presso

Kyriat Shmona lungo la via che conduce alle alture del Golan. L'edificio attuale, uno dei più belli della regione, la cui posizione appare apprezzata per la vigilanza della frontiera già nel libro del profeta Michea, avrebbe avuto lo scopo di minacciare Damasco: infatti per decenni il territorio di Banyas fu conteso accanitamente tra le due parti, le quali diedero la massima importanza al luogo, strategico per la posizione ma anche ricco d'acqua; la conquista islamica di Banyas del 1132 fu salutata da una solenne parata delle teste dei cristiani a Damasco. Andò meglio ma non senza traumi alla moglie del castellano Ranieri Brus: la nobildonna infatti, fatta prigioniera in quella stessa occasione, una volta trovatasi fra i vincitori «non si comportò con la dovuta prudenza», come ci dice pudicamente Guglielmo di Tiro, e ciò pose fine al suo matrimonio oltre ad aprirle le porte del monastero (dove varie gentildonne dell'Oriente latino iniziavano la propria carriera o, come in questo caso, la terminavano). Ranieri continuò invece la propria, non sempre in modo onorevole, come per esempio quando violò una tregua e nel corso di una razzia (fatto d'armi poco glorioso ma utile e gradito quanto una carica di cavalleria ben riuscita, la quale del resto era di gran lunga meno frequente) si impossessò di certe greggi di proprietà araba provocando un reclamo presso la corte di Folco re di Gerusalemme da parte dell'emiro Usama (straordinaria figura di uomo d'armi e letterato che era inoltre accreditato presso la corte crociata come rappresentante dei principi arabi del Nord). Usama ottenne una sanzione a spese di Ranieri, ma soprattutto si dimostrò avvocato talmente accorto da ricevere questo complimento da re Folco: «Non immaginavo che tu fossi così gran cavaliere», parole alle quali l'emiro replicò: «Maestà, sono cavaliere della mia razza e della mia gente!». Come dimostra la sua autobiografia, Usama non ebbe mai dubbi sulla propria superiorità di guerriero e uomo d'onore, ma esattamente per questo era talvolta disposto a concedere qualche complimento ai nemici cristiani eventualmente dimostratisi, sul campo o durante le ambascerie, avversari degni di lui che aveva amici perfino tra i templari. Questi ultimi gli avevano messo a disposizione un luogo per pregare Allah presso la loro sede centrale a Gerusalemme, dove lo difendevano dalle intemperanze dei cristiani più oltranzisti. Per tornare alle vicende del territorio di Banyas-Subeybeh, l'ultima notizia sul locale castello quale fortezza cristiana riguarda il capriccio della sorte che lo fece cadere in mano islamica: nel 1164 Nur-ed-Din, dopo aver appreso che Amalrico re di Gerusalemme aveva radunato il proprio esercito per guidarlo verso un'utopistica conquista dell'Egitto lasciando città e castelli alla sorveglianza di guarnigioni limitate, colse l'occasione e si impadronì rapidamente di quella posizione.

Tuttavia, sembra ad alcuni studiosi che i frenetici passaggi di proprietà riguardanti la zona concernano solo il castello di Banyas, ossia il nucleo della difesa della città e che non vi sia mai stata una presenza crociata a Subeybeh (che si trova a tre chilometri), la cui rocca sarebbe dunque interamente musulmana non solo nella versione attuale ma anche nelle altre, precedenti e create solo a partire dagli anni Venti del XIII secolo. La ricostruzione del castello di Subeybeh, che da questo momento dobbiamo chiamare "di Nimrud" dalla figura biblica che ne ispirò la nuova e attuale denominazione (sebbene il vescovo Benedetto d'Alignano parli ancora di *Su-*

*bebeam* nel 1238), corrisponde a una precisa fase della storia del sultanato ayyubide dopo la morte di Saladino, avvenuta nel 1193: infatti il nuovo sultano d'Egitto al-Kamil (sul trono dal 1218) ebbe difficoltà a imporsi sul fratello al-Muazzam che comandava a Damasco, e fu proprio al-Muazzam a dare un segno dell'anarchia coeva decidendo di fortificare il luogo per parare eventuali minacce di provenienza egiziana e non solo crociata, aggravatesi dopo che il patto tra al-Kamil e l'imperatore Federico II (1229) ebbe inaugurato un equilibrio di alleanze pericoloso per la Siria. Le nuove strutture, erette sotto la supervisione di al-Aziz Uthman, coprirono in maniera quasi totale quelle precedenti ma la morte di al-Muazzam rese inutile la fortezza, mai attaccata sotto la dinastia ayyubide. La costruzione comunque diede risultati notevoli: il *donjon*, ispirato dall'esempio dei nemici crociati, fu costruito subito e non aggiunto in un secondo tempo, mentre lo sperone naturale fu dotato di murature in due fasi; il lato settentrionale subì una fortificazione limitata, potendo già contare sulla difesa naturale garantita dal suolo particolarmente accidentato. La scarsa possanza del castello, un insieme di fabbricati assai allungato e più elegante che temibile, fu compensata dalla proverbiale efficienza degli arcieri arabi, per il cui impiego furono create feritoie in quantità maggiore rispetto alla media; le stesse feritoie, inoltre, in almeno alcuni punti furono munite di una protezione complementare, naturalmente di pietra, avente lo scopo di sottrarre al tiro degli assedianti la mano dell'arciere. L'estetica, una volta tanto, ricevette qualche cura supplementare: il castello di Nimrud rappresenta un tentativo di armonizzare sicurezza difensiva ed eleganza, temperando l'architettura militare con le comodità di un palazzo principesco: le torri, all'origine più alte, sono massicce ma le feritoie per gli arcieri appaiono formate e disposte in modo da garantire anche un'apprezzabile aerazione dei locali; le arcate ogivali si trovano un po' dappertutto e appaiono sagomate con ricercatezza; infine, lungo la "passeggiata" che congiunge i due nuclei del castello (molto sviluppato in lunghezza, oltre 400 metri), si può notare un virtuosismo architettonico: un tipo di volta creato non dalla sovrapposizione di cerchi di pietre di diametro decrescente, ma da sovrapposizioni di blocchi squadrati e progressivamente rastremati, il tutto sorretto da un pilastro centrale. In altre parole, le pareti sono squadrate alla base e curvate man mano che salgono verso il soffitto, grazie a pietre modellate con singolare perizia, tanto da rendere difficile rilevare il punto esatto in cui la linea retta si arrotonda. Ma al di là delle singole parti dell'insieme, gli architetti crearono un'alternanza di ambienti e prospettive, con il risultato di dare eleganza a un castello inevitabilmente arcigno e marziale come tutte le costruzioni di tale categoria: una via di mezzo fra la necessità militare e il minimo di ricercatezza imposto da un edificio residenziale. Quanto alla funzione strettamente militare, nel confronto con i cristiani non si andò oltre un blando attacco dei crociati di re Luigi IX di Francia nel 1253.

Dopo la metà del XIII secolo i mamelucchi, nel frattempo subentrati agli ayyubidi, decisero di rinforzare il castello già danneggiato da un primo attacco tartaro, la nuova e inattesa minaccia da Oriente: il sultano Baybars, che diffidava delle fortificazioni e preferiva conservare i castelli dell'interno (più adatti a proteggere le manovre di vaste armate, risorsa bellica a lui più congeniale) piuttosto che quelli costieri esposti alla rioccupazione cristiana, ordinò una ricostruzione basata soprattutto sul ruolo delle torri, aumentate di numero (altre sei) o ingrandite, mentre le feritoie furono messe in grado di ospitare due tiratori simultaneamente. Le torri poligonali vennero sostituite da forme arrotondate e completate dalle tradizionali appendici inclinate contro l'avvicinamento da parte delle macchine d'assedio. Anche le pietre dimostrarono un lavoro finalizzato a una resistenza prolungata e non più a una reazione contingente come era accaduto riguardo alla prima costruzione ayyubide; infatti i blocchi raggiunsero in qualche caso il peso di svariate tonnellate, ma più che allo spessore delle mura ci si affidò alla robustezza dei bastioni interni, talvolta isolati rispetto alla cortina muraria e concepiti come centri di difesa, dovendo reggere sulle proprie piattaforme superiori il peso delle macchine da lancio con le quali rispondere al sempre meno micidiale tiro nemico, ora che da parte crociata si pensava sempre più a difendersi che ad attaccare. Ma l'assedio più dannoso fu quello scatenato dall'incuria, a cui si è posto rimedio a partire da tempi più recenti.

# Crediti fotografici

NELLA STESSA COLLANA

M. Centini, *La Terra Santa a Roma. Storia, tradizione e leggenda delle reliquie di Terra Santa nella capitale del cristianesimo*, 2016